篮 球

俞联杰 编著

吉林文史出版社

图书在版编目（CIP）数据

篮球 / 俞联杰编著. -- 长春 : 吉林文史出版社, 2013.9（2023.6重印）

ISBN 978-7-5472-1709-2

Ⅰ. ①篮… Ⅱ. ①俞… Ⅲ. ①篮球运动–基本知识 Ⅳ. ①G841

中国版本图书馆CIP数据核字(2013)第225721号

篮球

LANQIU

出版人 张 强
主 编 南来寒
编 著 俞联杰
责任编辑 王 新
封面设计 袁 野
出版发行 吉林文史出版社
地 址 长春市福祉大路5788号
网 址 www.jlws.com.cn
开 本 720mm × 1000mm 1/16
印 张 12
字 数 100千
印 刷 天津海德伟业印务有限公司
版 次 2014年1月第1版 2023年6月第5次印刷
书 号 ISBN 978-7-5472-1709-2
定 价 59.80元

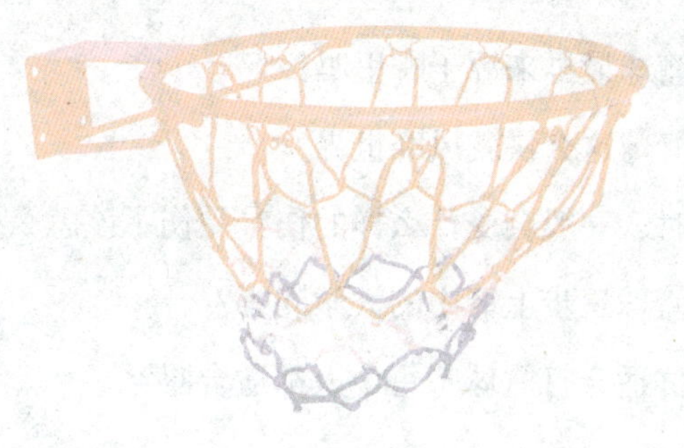

内容简介

篮球运动是一项简单易懂、可行性较强的健身项目，深受广大健身爱好者的喜爱，尤其是在学校的青少年们，篮球是他们爱好并且经常参与的健身项目。

本书从篮球的发展历史开始阐述，通过对篮球的起源与发展、篮球运动的比赛方法和规则、运动中的自我保护、基础技术、基本战术等方面的叙述，加上一目了然的图片，让广大篮球爱好者从本书中学到篮球运动中的理论常识和实践指导。本书用浅显易懂的语言、简洁明朗的节奏，抛却以往拥挤的全文字版面，新增大量图片和实例指导，将带给您与众不同的篮球健身新体验。

篮球大盘点

- 你知道篮球最早来源于哪里吗？
- 为什么篮球这么快就风靡世界？
- 打篮球时，一般会受什么样的伤？受伤了该怎么处理？
- 你知道篮球三步上篮中的大学问吗？
- 哪些人群适合打篮球？每个人都适合吗？

目录

第一章　了解篮球运动

第二章　运动中的自我保护

第三章　开始你的篮球之旅

第一章

了解篮球运动

篮球是怎么诞生的

篮球运动是现在世界上最流行的体育运动之一，在世界上任何角落都能发现篮球的身影，虽然只是一项运动，但它影响着人类的日常生活，激励着人类前进的意志，培养人们永不言弃的毅力，作为一项知名的运动项目，读者们知道它是如何产生、怎样发展的吗？下面就跟随着历史的痕迹，前往篮球诞生的地方。

篮球运动诞生于美国马萨诸塞州斯普林菲尔德市，在1892年1月（也有考证称在1891年12月）诞生的，发明者是加拿大人詹姆斯·奈史密斯博士，当时他在美国斯普林菲尔德市基督教青年会训练学校（今改名春田学院）担任体育教师。当时此地处于冬季，天气较为寒冷，再加上这个地方经常下雪，操场经常被厚雪覆盖，学生又缺乏室内运动的条件，导致当时的流行体育项目如橄榄球、棒球无法进行，学生在寒冷的冬季缺少体育锻炼，严重影响了学生的身

体健康，在学校学生得病的越来越多，身为体育教师的奈史密斯博士极为苦恼，怎么利用周围的有限资源让体育课克服这些艰苦的条件，有效地锻炼学生的身体，抵御严寒，防止疾病的发生成为奈史密斯博士必须面对并解决的问题。

经过体育教育工作经验的积累和长时间的思索，奈史密斯博士想到发明一种新的游戏，这种游戏必须是在室内进行的，当然不需要太大的室内空间，需要学生跑来跑去，锻炼身体，又必须能够引起学生的兴趣，所以在这个游戏中加入两队竞争的形式，通过制定一些规则，让两队有序、快速地移动来组织进行比赛，争夺胜利；又让学生得到足够的传送和投掷训练，以便为来年的橄榄球比赛做准备。这种一箭双雕的思路逐渐在奈史密斯博士脑中形成。

偶然的机会，奈史密斯博士看到一位父亲和儿子向“桃子筐”进行投球，他从这个游戏中受到启发，设计将两只桃篮分别钉在学校体育房内两端看台的栏杆上，桃篮口水平向上，距

地面 10 英尺，当时用足球作为投篮的工具向篮内投掷，入篮得 1 分，按得分多少决定胜负。因为这项游戏最初使用的是桃篮和球，遂取名为篮球。由于桃篮容易变形破碎，1893 年铁质球篮取代了桃篮并挂上了线网。1895 年篮筐开始固定在 4×6 英尺的篮板上并逐渐深入场内，到 1913 年，由于每次投篮命中后都需要将球从篮筐内捞出太麻烦，于是人们将篮网底部剪开，形成了近似现代的篮板和球篮。

随着时间的推移，篮球因其具有很多的优势，使得越来越多的人们开始接受这项运动。因此，制定一些规则不仅能够保证其有序地进行，还能增加这项运动的乐趣。刚发明篮球运动的时候，比赛规则很简单，对于场地大小、参加人数多少、比赛时间长短都没有统一的规定，经常出现很多问题。鉴于此种情况，1892 年奈史密斯制定了第一部 13 条的原始规则，目的是使篮球游戏在公平对等的条件下进行，同时不允许粗野动作的发生。1915 年在美国，制定了统一的篮球竞赛规则，向全世界展现。1932 年，刚诞生的国际篮联制定了第一份世界统一的竞赛规则。随着篮球运动的发展、社会的进步以及条件的优化，规则还在不断完善。

奈史密斯博士于1939年逝世，终年78岁。他未曾料到，由他创建的篮球运动竟然已经发展为世界的几大运动之一，参与人数甚至略微超过了冰球。为了纪念奈史密斯博士发明篮球的功绩，国际篮联在1950年第一届世界男子篮球锦标赛期间，决定把世界男子篮球锦标赛的金杯命名为“奈史密斯杯”，并在春田学院校园内修建了美国篮球名人馆——詹姆斯·奈史密斯纪念馆。当今篮球运动员以进入此名人堂为最高荣誉。

一切事物在发展的时候都会遇到种种困难，篮球运动也不例外。在篮球诞生后近半个世纪的时间中，人们虽然知道有这项运动，但始终没有重视。直到1936年柏林奥运会上，篮球才受到应有的尊重。

篮球运动诞生后，以很快的速度传播。1892年传入加拿大和墨西哥，19世纪末至20世纪初，篮球运动流传到欧洲，1895年传入中国。1953年起开始举行世界女子篮球锦标赛。男、女篮球分别于1936年和1976年被列为奥运会比赛项目。

1952年和1956年第十五、十六两届奥运会的篮球比赛中，出现了多名身高两米以上的运动员，国际业余篮球联合会曾两次扩大篮球场地的“限制区”（也叫“3秒区”）；还规定，一个队控制球后，在30秒内必须投篮出手。到20世纪60年代初，出现了10秒和球回后场的规定。1964年第十八届奥运会后，恢复了中场线，这些规定又继续执行。1977年增加了每队满10次犯规后，在防守犯规时罚球2次，防投篮时犯规两罚有1次不中再加罚1次的规定。1981年又将10次犯规后罚球的规定缩减到8次。很明显，技术的变化、战术的发展引起了规则的改变，而规则的改变又促进了人员和技术、战术的进一步发展变化。特别是20世纪50年代后期以来，规则的改变对篮球比赛的攻守速度，对运动员的身体、技术、战术以及意志、作风等各方面都不断提出新的更高的要求，促进了篮球技术水平的迅速提高。

美国职业篮球联盟（NBA）的发展和兴起在很大程度上推动了篮球运动的发展和普及，尤其是在20世纪80、90年代，NBA在世界上广泛传播，出现了众多耳熟能详的篮球运动员，如迈克尔·乔丹等，把篮球的魅力表现得淋漓尽致，把篮球带进了地球的每一户人家，推动着篮球全球化的发展。

虽然我国的篮球发展史较为悠久，从1896年前后由天津中华基督教青年会传入中国到目前领跑于亚洲，但是整体实力仍与美洲、欧洲相差甚远。加强联赛的建设和青少年篮球教育是我国发展篮球运动的必由之路。

篮球运动的条件

篮球运动顺利进行要有四项基本条件：篮球、篮板、篮筐和篮球场地，篮球装备如篮球鞋和篮球服装在篮球运动中也起到一定的作用。此外，由于篮球运动具有一定的对抗性，在运动前需准备一些必要的保护预防措施和物品，如水、创可贴等。

❖ 篮球

篮球是一个球体，由表皮、中胎、缠纱和内胆组成；现代篮球体积 7800 毫升，直径 24.62 厘米。篮球需要充气才能使用，一般通过球针输送气体。

NBA 比赛用球规格与国际篮联比赛用球一样，重量不少于 567 克，不多于 650 克。圆周不小于 74.9 厘米，不大于 78 厘米。

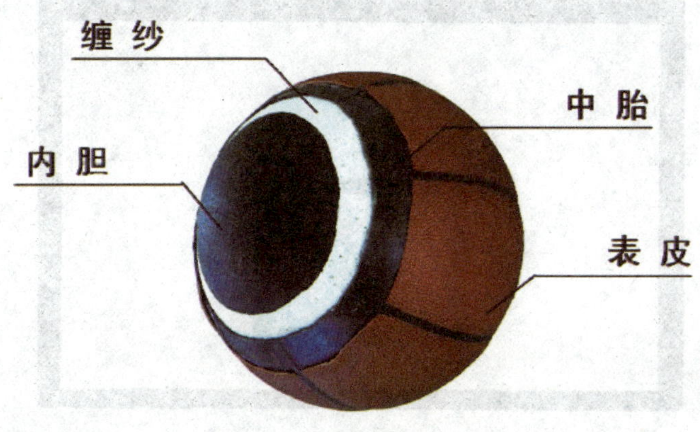

❖ 篮板

篮板分前场篮板和后场篮板，根据比赛的情况，又叫作进攻篮板和防守篮板。

篮板一般由透明材料制成，它们是整块的，具有与 0.03 米厚的硬木篮板相同的坚硬度。它们也可用 0.03 米厚、漆成白色的硬木板制成。篮板的尺寸是：横宽 1.80 米，竖高 1.05 米，下沿距地面 2.90 米。国际篮联的相应部门，如地区委员会对地区或洲的比赛，或国家联合会对所有国内的比赛，也有权批准使用横宽 1.80 米，竖高 1.20 米，下沿距地面 2.75 米的篮板尺寸。篮板面要平整，在篮板面上所有的线条画法有一定的规定，如果篮板是透明的，用白色；若不透明，用黑色；宽度为 0.05 米。在每块篮板的篮圈后面要按如下要求画出矩形，外沿尺寸为：横宽 0.59 米，竖高 0.45 米。该矩形底边的上沿要与圈顶水平面齐平。

篮板的安置方式：安置在篮球场的两端，与地面垂直，与端线平行；它们的中心要垂直落在球场上，距离端线内沿中点 1.20 米的地方；篮板的支柱要距离端线外沿至少 2 米，为了使比赛队员看得清楚，其颜色要鲜明，并与端线后面的背景有明显的区别。

篮板上的包扎物的要求：对篮板的底部和边沿，包扎物要覆盖其底面和侧面，侧面包扎物距篮板底部最低为 0.35 米；篮板底洞包扎物的最小厚度为 0.05 米；篮板前、后面距底部最低 0.02 米处要覆盖，包扎物的最小厚度为 0.02 米。

区分后场篮板和前场篮板首先要了解前场和后场。前场指的是进攻方向篮筐所在的半场，后场是防守方向篮筐所在的半场。前场篮板就是进攻篮板，即进攻方做出进攻动作后未得分，进攻方抢得的篮板，与后场篮板相对。后场篮板就是防守篮板，即进攻方做出进攻动作后未得分，防守方抢得的篮板。

❖ 篮筐

国际篮联规定篮筐的高度的统一标准是 3.05 米，与篮板两垂直边的距离相等。篮筐下悬挂篮网，篮网用白色的细绳结成；它的作用是要能够使球穿过球篮

时有暂时的停顿。网长不短于 0.40 米，不长于 0.45 米。标准篮球直径为 24.6 厘米，而篮圈直径为 45 厘米。

❖ 篮球场地

篮球场地是一种专业用于篮球运动的场地，也叫“篮球场”“球场”。分为室内篮球场和室外篮球场；篮球比赛场应是一个长方形的坚实平面，无障碍物。标准的比赛场地长度为 28 米，宽度为 15 米。天花板或最低障碍物的高度至少应为 7 米。篮球场长边的界限称边线，短边的界限称端线。球场上各线都必须十分清晰，线宽均为 0.05 米。以中线的中点为圆心，以 1.8 米为半径，画一个圆圈称中圈。

球场由限制区、非限制区和三分球区组成。限制区：从罚球线两端画两条线至距离端线中各 3 米的地方所构成的地面区

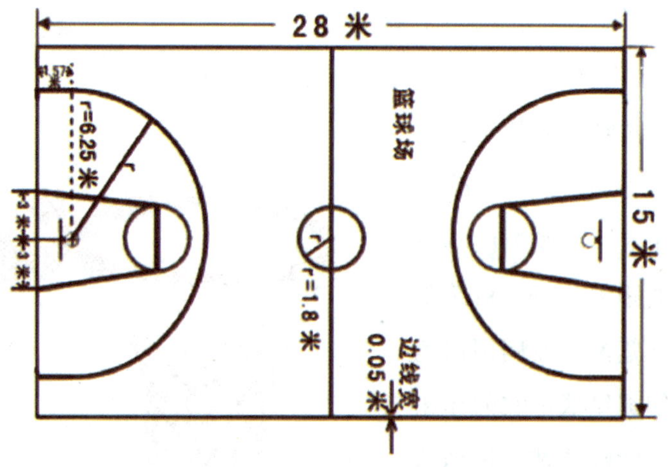

域。罚球区：是限制区加上以罚球线中点为圆心、以1.80米为半径向限制区外所画的半圆区域，它是执行罚球的区域。三分投篮区：是由场上两条拱形限制出的地面区域。篮球场地地面材质有沥青、木质、丙烯酸、PVC卷材等。

❖ 篮球鞋

在篮球运动中，对非职业的球迷来说，一个篮球、一块场地、一个篮板和篮筐，不论年龄，男女皆能运动，限制条件少，所以篮球非常流行，是人们最常见的运动项目之一。但是，要想成为一名篮球达人，拥有适合自己的篮球装备也是必不可少的，常见的篮球装备包括：篮球鞋、篮球服、护腕、护膝等。它们对保护身体起着很重要的作用。其中，篮球鞋对容易受伤的脚踝部位的保护非常重要。

篮球是一项激烈的对抗性运动，而一双好的篮球鞋能够在比赛中带给自己很大的帮助。一双好的篮球鞋，需要有很好的耐久性、支撑性、稳定性、曲挠性和良好的减震作用。

在篮球运动中不断地起动、急停、起跳和迅速左右移动等动作使得你在挑选篮球鞋时必须把鞋的特性放在绝对首位。另外，个人球风也是一个很重要的因素，可以根据这个选择自己所需的不同类型的篮球鞋。所以，在选择篮球鞋之前要判断自己属于什么类型的球员。一般分为以下几种球员类型：强力进攻型、大范围跑动型和快速跑动型。强力进攻型：这类球员所用的篮球鞋必须有足够强的减震作用和稳定性，因此，可以穿一双重一

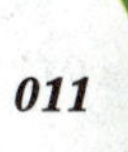

些的球鞋来保证这两个要求。大范围跑动型球员：这类运动员需要一双可以适当保护脚踝并具有一定减震作用的篮球鞋，这种鞋有很多选择，一般都比较轻。快速跑动型：首先要求鞋很轻，同时也要求有一定的护踝、减震效果。低帮的鞋往往是最好的选择。当然，篮球鞋的尺寸合脚是最基本的要求。

篮球运动的规则

❖ 比赛概要

篮球是两队比赛的游戏，每队场上各有球员五人。运动的目的是将球投入对方篮筐内，并通过合理防守，限制对方获球或得分。球可向任何方向传、投、拨、滚或运球，但必须合乎规则的规定。

❖ 比赛时间

一种是两个半时，每半时 20 分钟；一种是四节，每节 12 分钟（NBA 和 CBA 常用，国际篮联规定时间则为每节 10 分钟）。第一和第二节、第三和第四节中间的休息时间分别为 2 分钟；半时的休息时间为 10 分钟或 15 分钟。

1. 由当地组织者决定，但该决定最迟必须在预定的比赛（锦标赛）开始前一天通知到所有有关人员。

2. 如果仅一场比赛，该决定必须在比赛开始前通知。

国际篮联的相关部门要决定比赛的时间：

1. 世界锦标赛由国际篮联中央委员会决定；

2. 地区或洲的比赛由地区或洲的最高机构决定；

3. 国家或地方的比赛由国家或地方的协会决定。

❖ 球队

1. 在四节 10 分赛制或球队须参加三场以上的比赛时，每队不得超过十二名合格的球员。

2. 一名为队长，应为该球队合格球员。每队派五名球员在场内参加比赛，且可按规定替补球员。

教练必须在球赛开始前 10 分钟，在记录表上签名以示确证其教练与球员的姓名和号码，同时指派其最先上场的五名球员。仅教练或助理教练可以请求暂停。

❖ 比赛开始

1. 比赛应从裁判员在双方选手中间抛球，以中圈跳球开始；在每一加时赛开始时，也应执行同样的跳球程序。

2. 比赛开始时，一队出场球员不足五人时，球赛不得开始。在比赛时间经过 15 分钟后，该队仍不足五人时，则应判令该队弃权，由对方球队获胜。

❖ 死球

遇下列情形，即成死球：

1. 当投球合法中篮后；

2. 活球或继续比赛时，一位裁判员鸣笛；

3. 罚球时，球已确定不能中篮；

4. 活球时，二十四秒信号响起；

5. 每一节时间终了。

❖ 进球及其计分法

1. 当活球经篮圈上面进入篮筐，由篮中落下，称为“进球”。

2. “进球”系指攻进对方的篮，依下列情况判定得分：罚球算 1 分；比赛中，投球进球算 2 分；在 3 分线外投球进球算 3 分。

3. 如果球在偶然的机会中，由篮圈下方进入篮圈时，即成为“死球”，然后在就近的罚球圈跳球，恢复比赛。假如球员故意将球由篮圈下方向上穿过篮圈，则应判“违例”，由对方球队在违例发生处最近边线外，掷界外球，恢复比赛。

❖ 攻守球员触及向篮落下的球（在比赛时间内）

1. 投篮时，进攻或防守球员均不得触及在限制区上空从篮圈水平面上向下落的球。

2. 若为进攻队违例：投中无效，由对队在罚球线延伸线的界外发界外球。

3. 若为防守队违例：判由对队得 2 分，如在 3 分投篮区域内试投，则判得 3 分；若投中有效，则由对队在端线后发界外球，恢复比赛。

小贴士

如教练技术犯规，球员故意或夺权犯规的罚球，则不论罚中与否，均由主罚队的任一球员在记录台对面的边线中点外掷球入界。

❖ 胜负标准

比赛结果，以在比赛时间内全场中得分较多的一队获胜。

得分相等时：

1. 下半时终了时，如两队得分相等，应继续比赛，并举行一次或多次的 5 分钟的延时赛，以决胜负。

2. 每一延时赛开始前，须有 2 分钟的休息。在第一次延时赛前应重新选篮，其后每次延时赛均换篮一次。

球队弃权判为失败，弃权的情况：

1. 在裁判命令比赛开始后，拒绝出场或阻挠比赛。

2. 在比赛开始 15 分钟后，球队若缺席或不足五人。

❖ 比赛时间结束

1. 比赛在计时员发出比赛时间终了的信号时结束。

2. 每次比赛时或每个延时赛时间终了之际，含有罚球的犯规几乎发生在计时员的信号同时或稍前一刹那，则应立刻执行一次或多次的罚球。

3. 在比赛时间即将终了前的投篮，如在信号发出前球已在空中，投中有效。

4. 如果球触及篮圈弹起而后中篮，则投中有效；若球触及篮圈后，任何一队球员触及球，应宣判违例。如违例者为防守球员，则以中篮论，算 2 分或 3 分。

5. 如为进攻球员，则成死球，若投中，得分不计。此项限制直到该次投篮已显然不中为止。

❖ 请求暂停的规则

1. 每队在每节内可请求一次暂停,第四节可请求两次暂停。

2. 在规定时间内未使用的暂停不得保留于下半时或延时赛使用。

3. 教练或助理教练有权请求暂停，但应亲自到记录台请求暂停，并用合宜的传统手势表示。

小贴士

在美国职业篮球联盟（NBA）比较特殊，由于纳入广告机制，在比赛期间设置官方暂停，用来播放广告。

❖ 替补

1. 替补球员入场前，应先报告记录员，并准备即刻参与比赛。

2. 替换的程序：球成死球；正当停表时；当裁判宣判犯规，并向记录台完成沟通程序后。

3. 替换替补的时机：

违例发生后，只有发界外球的球队可请求替补；在此情况下，发界外球的球队请求替补时，对队亦可请求替补。

罚球时仅该罚球员可被替补，但必须符合下列规定：此项替补必须在第一次罚球，或仅只一次罚球的继续比赛之前所请求者；最后一次或仅有一次罚球罚中，或最后一次或仅有一次的罚球罚失后，因另一个犯规罚球，球成为或仍为死球；跳球球员不得由其他球员替补；只有在记录员鸣笛之前，才能取消替补。

❖ 三秒违例规则

三秒违例分为防守三秒违例和进攻三秒违例。

1. 当一队控球时，其本队球员不能在对队之禁区内，超过连续三秒钟以上的停留。

2. 三秒钟的限制在发界外球时无效，当发球员在界外开始控制球之后开始计时。

3. 三秒规则不适用于：投篮时球在空中；双方争夺篮板球时；球成死球时。

4. 球员在禁区内停留将到三秒钟，即开始运球而投篮者，得予以宽容。（违反本规则为违例）

处罚：对手在距违例处最近的边线外掷界外球。

❖ 五秒违例规则

在边线发球时，发球队员被对队球员紧迫防守持球达五秒钟而不传、投、拍、滚或运球时，则宣布违例。

处罚：对手在距违例处最近的边线外掷界外球。

❖ 八秒违例规则

1. 在后场获得活球控球权的球队，必须在八秒钟以内使球进入前场。

2. 球触及中线或触及身体任何部分接触中线的本队球员时，即认为球进入前场。（违反本规则为违例）

处罚：对手在距违例处最近的边线外掷界外球。

❖ 二十四秒违例规则

在四节制中，球在二十四秒计时响起时投篮、中篮，球进算；球不进换对队在边线发球。

1. 二十四秒计时器的信号，表示该球队未能在二十四秒内

投篮。

若比赛因控球队的对队因某些事项而停止，则控球队应获得另一个新的二十四秒。

若球仅对手触及，而原控球队仍持有控球权时，不得重新计算二十四秒。

2. 二十四秒计时器必须停止，但不得重新设定，当：

球出界，由原控球队的球员发界外球。

中止比赛以保护控球队受伤的球员。

处罚：对手在距违例处最近的边线外掷界外球。

❖ 回场违例规则

1. 控球队在前场的球员，不得使球回至后场。

2. 当控球队球员有下列情况时，视为球回后场：当球回后场之前，控球队球员最后触及，该球已经触及后场，或该球员已经触及后场。

3. 此种限制，适用于球队前场的各种情况，包括掷界外球。

处罚：对手在距违例处最近的边线外掷界外球。

❖ 犯规

1. 球员与对手身体接触或违反运动道德行为的违规，称为“犯规”。

2. 犯规应登记在违犯的球员名下，并按照规则中有关的条款执行罚则。

第一，在比赛中，球员犯满六次犯规，包括侵人与技术犯规的总次数时，应自动退出比赛。第二，比赛每一节（12分钟）内，每队球员侵人犯规满五次时，其后该队每一次的

球员犯规应判罚球两次，由被犯球员主罚。若该犯规较侵人犯规严重，则应适用有关规则之条款。

犯规主要是侵人犯规，是指不论在活球还是死球时涉及与对方队员非法接触的队员犯规。队员不准通过伸展他的手、臂、肘、肩、髋、腿、膝或脚，或将他的身体弯曲成“反常的”姿势（超出他的圆柱体）来拉、阻挡、撞、绊以阻碍对方队

员行进；也不准放纵任何粗野或猛烈的动作。犯规类型主要包括以下几种：

阻挡：是阻止持球或不持球的对方队员行进的非法的身体接触。

如果试图去做掩护的队员在移动中与静立的或后退的对方队员发生接触，则构成了阻挡犯规。

如果队员不顾球，面对着对方队员并随着对方队员的移动而移动，除非涉及其他因素，该队员应对随后发生的任何接触负主要责任。

撞人：是持球或不持球的队员推动或移动到对方队员躯干上的身体接触。

小贴士

队员在场上占据位置时伸展他的臂或肘是合法的，但是当对方队员试图从他身边通过时，臂或肘必须放下（在圆柱体内）。

如果队员没有将臂或肘放下，发生接触就是阻挡或拉人。

从背后防守：是防守队员从对方队员的背后与其发生的身体接触。即使防守队员正在试图去抢球，从背后与对方队员发生身体接触也是不正当的。

拉人：是干扰对方队员移动自由而发生的身体接触。这个接触（拉人）能用身体的任何部位来造成。

非法用手：发生在防守队员处于防守状态时，用手去接触对方队员阻碍其行进。

推人：是用身体的任何部位强行移动或试图移动已经或没有控制球的对方队员时发生的身体接触。

掩护犯规：是试图非法拖延或阻止非控制球的对方队员到达希望到达的场上位置。

处罚：以上球员犯规，登记犯规队员一次侵人犯规。

另外，如果对没有做投篮动作的队员犯规，由非犯规队在距犯规地点最近的界外掷界外球重新开始比赛。

如果控制球队的队员发生犯规，由非犯规队在距犯规地点

最近的界外掷界外球重新开始比赛。如果投篮或罚球球中篮无效，则随后的掷界外球要在罚球线延长部分的界外执行。

如果对正在做投篮动作的队员犯规：如果投球中篮，要计得分并判给1次罚球。如果2分投篮没有成功,则判给2次罚球。如果3分投篮没有成功，则判给3次罚球。如果处以犯规队全队犯规罚则，则由被犯人罚球2次。

双方犯规：

双方犯规是指两名对抗的队员大约同时互相发生接触犯规的情况。

处罚规定：登记每个犯规队员一次侵人犯规，不判给罚球。由下列方式重新开始比赛：由双方犯规发生时已经控制球的队在距违犯地点最近的界外掷界外球。如果双方犯规发生时两队都不控制球，要由有关的队员在距违犯处最近的圆圈内跳球。如果双方犯规的同时投篮有效并得分，要由得分队的对方队员在端线使球进入比赛。

违反体育道德的犯规：

裁判员认为队员不是在规则的精神和意图的范围内合法地直接地试图抢球，造成的侵人犯规是违反体育道德的犯规。如果队员在持球或不持球的对方队员身上发生过分的接触（严重犯规），那么这样的接触被认为是违反体育道德的犯规。判断一起犯规是否违反体育道德，裁判员应遵循下列原则：

如果队员努力抢球中发生过分的接触（严重犯规），那么该接触被认为是违反体育道德的；拉、打或推队员通常是违反体育道德的犯规。对屡次发生违反体育道德的犯规的队员可以取消其比赛资格。

处罚：要登记犯规队员一次违反体育道德的犯规。要判给非犯规队罚球再加一次球权。判给的罚球次数要按下列规定：

如果被犯规的队员未做投篮动作，则判给 2 次罚球。如果被犯规的队员正在做投篮动作，如投中要判得分并再判给 1 次罚球。

如果被犯规的队员正在做投篮动作，投篮未得分，则根据投篮的地点判给 2 次或 3 次罚球。罚球过程中，所有其他队员要位于罚球线延长部分和 3 分投篮线的后面，直到罚球完毕。

罚球后，无论最后一次罚球成功与否，均由罚球队的任一队员在记录台对面边线的中点处掷界外球。掷界外球队员的两脚要分别站在中线延长线的两侧，有权将球传给场

上任何地方的队员。

技术犯规：

队员或教练以及随队工作人员不理裁判员的劝告或运用如下不正当行为，是技术犯规。如：

同裁判员、到场的技术代表、记录台人员或对方队员讲话或接触没有礼貌。使用很可能引起冒犯或煽动观众的言语或举动。

戏弄对方或在对方眼睛附近摇手妨碍他的视觉。妨碍迅速地掷界外球以延误比赛。

被判犯规后，在裁判员要求举手时不正当地举手。没有报告记录员和主裁判员擅自更换比赛号码。替补队员进入场地没有报告记录员以及没有得到裁判员的招呼。

处罚规定：

要登记违犯者一次技术犯规，判给对方队员 1 次技术罚球。对一起违反体育道德的技术犯规要判给对方队员 2 次罚球和随后的球权，即两罚一掷，队长指定罚球队员。

进攻犯规：

进攻队员无论是在地面还是腾起在空中，都不得与处于合法防守位置的防守队员发生接触，包括靠使用手臂来为他自己创造额外的空间（清除障碍）。在投篮的时候或刚投篮之后靠伸展他的腿来造成接触。认为是持球队员的进攻犯规有下列几种情况：

为了获得利益，用手臂或肘“钩住”或缠绕防守人员。

为了阻止来抢球或试图来抢球的防守队员而推开他。

为了在自己和防守队员之间造成更大的空间而推开他。

运球时用伸展的前臂或手来阻止对方队员获得球。

不持球球员的进攻犯规表现在以下几种情况：

1. 摆脱以接球；

2. 阻止来抢球或试图来抢球的防守队员；

3. 在他和防守队员之间造成更大的空间。

合法防守位置：

当达到下述状态时，防守队员就已建立了最初的合法防守位置；他正面对对手，并且双脚以正常的跨立姿势着地。在正常跨立姿势的双脚间的距离一般与其身高成正比。合法防守位置垂直伸展到他的上方（圆柱体）。他可以将双臂举过头或垂直跳起，但他必须保持垂直姿势并在这假想的圆柱体内。

防守控制球的队员：在防守控制球的队员（他正持球或运球）时，时间和距离的因素不适用。每当对方队员在持球队员面前占据（甚至是一瞬间占据了）最初的合法防守位置，持球队员按防守队员建立最初的合法防守位置，必须在占据位置前没有造成身体接触。

一旦防守队员建立了最初的合法防守位置，他可以移动以便防守他的对手但不得伸展他的臂、肩、臀或腿以及通过做这些动作造成接触去阻止从他身边通过的运球队员。

制造进攻犯规的方法：

防守队员必须以面对持球队员并且从脚着地来建立最初的合法防守位置。

防守队员为了保持这个防守位置，他可以保持静止、垂直跳起、侧移或后撤。只要该侧移或后撤动作被认为是正常的防守动作，在保持这个防守位置的移动中一脚或双脚可以离开地面一瞬间。

防守队员必须是先占据该位置，并且接触必须发生在躯干部位。如果接触发生在躯干部位，则应该认为防守队员已经首先占据该位置。已经确立了一个合法防守位置的防守队员可以在他的圆柱体内转动，去承受冲撞或避免受伤。

如果符合上述三条，则是持球队员造成犯规。

腾空的队员：从场上某处跳起在空中的队员有权落回原地点。

合法落点的原则：起跳时该地点尚未被对手占据。起跳点和落地点之间的直线通道尚未被对手占据。

如果队员已跳起并落地，可是其动量使他碰撞在他落地点以外已占据合法防守位置的对方队员，则该跳起队员对接触负责。

当对方队员已跳起在空中后，队员不得移至该跳起队员的路径上。

移至一个腾空队员的身下并引起接触，通常是违反体育道德的犯规，在某些情况下可能是取消比赛资格的犯规。

防守不控制球球员的犯规：

不控制球的队员有权在场上自由移动并占据任何未被另外队员已经占据的位置。时间和距离的因素要适用。这意味着防守队员不能在正在移动的对方队员的路径中占据一个位置，该对手没有足够的时间或距离停步或改变他的方向。此距离与对方队员的速度直接成正比，不得少于正常的1步，不必多于2步。如果队员在占位时不顾时间和距离的因素并与对方队员发生接触，他对接触负有责任。一旦防守队员已占据了合法防守位置，他不能为了阻止对手通过他，而在他的路径中伸展臂、肩、臀或腿来与对手发生接触。然而他可以转身或将手臂置于身前并贴近身体以避免受伤。

一个防守队员已占据了合法防守位置，他可以前移或侧移或后撤，以便保持在对手的路径中。他可以迎着对手前移，然而如果发生身体接触，他对此负责。他必须注意空间的因素，也就是按上述所示他和对手间的距离。

合法掩护和掩护犯规：

掩护发生在队员试图延误或阻止非控制球的对手到达希望到达的场上位置时。

正在掩护的队员处于下列情况时是合法掩护：

发生接触时静止不动（在他的圆柱体内）、发生接触时已双脚着地。正在掩护的队员处于下列情况时，发生了接触时正在移动。发生了接触时在静立对手的视野之外建立掩护，没有给出适当的距离。发生了接触时对对方移动中的队员没有考虑时间和距离的因素。

如果掩护建立在静立对手的视野之内（前面或侧面），则该队员可以按自己的愿望，只要在不发生接触的情况下尽量靠

近对手。

如果掩护建立在静立对手的视野之外，掩护队员必须允许对手向他迈出正常的一步而不发生接触。如果对方队员在运动，时间和距离的因素就要适用。掩护队员必须留有足够的空间，以便被掩护者能停步或改变方向来避开掩护。与已经建立了合法掩护的队员发生任何的接触，由被掩护的队员负责。

用手或臂接触对方队员：

用手触及对方队员本身未必是犯规。裁判员要根据以下的情况进行判定：

如果球员引起的接触在任何方面限制对方队员的移动自由，当手或臂放置在持球或不持球的对方队员身上并保持与他的接触，就发生了非法用手或非法伸展手臂，这样的接触是犯规。反复地触及或“戳”持球或不持球的对方队员，当可能导致逐步升级的粗暴动作时也可认为是犯规。

如果防守队员在试图抢球中用他的手接触对方队员，并且这样的接触只是接触了对方队员持球，甚至是正在做投篮动作的手，则应被认为是附带的，该接触不要判罚，这也就是通常所说的“球手一体”。

小贴士

垂直原则：队员以正常的篮球姿势占据的地面空间被称为圆柱体。它包括队员上方的空间，并为下列条件所限定：

前面为双脚的尖端，后面为臀部和两边为双臂和双腿的外侧。在篮球场上，每一队员都有权占据没有被对方队员已经占据的任何场上位置（圆柱体）。

这个原则保护队员所占据的地面空间和他上方的空间，或他垂直跳起时他下方的空间。一旦队员离开了他的垂直位置（圆柱体）并与已经确立了垂直位置（圆柱体）的对方队员发生身体接触，则离开了垂直位置（圆柱体）的队员要对此接触负责。对于防守队员垂直地离开地面（在他的圆柱体之内）或在他自己的圆柱体内向上方伸展他的双手和双臂，则不必判罚。

居中策应：

垂直原则也适用于居中策应。位于居中策应的进攻队员和防守他的队员都必须尊重彼此的垂直权利（圆柱体）。居中策应的进攻队员用肩或臀将对方队员挤出他所占的位置或用伸展的肘或臂来干扰后者的活动自由是非法的。

防守队员使用他的臂、膝或身体的其他部位干扰策应队员

活动的自由是非法的。

❖ 犯规后恢复比赛的方式

1. 由界外掷球进场；

2. 如触犯发球规则，执行一次或多次的罚球。

❖ 投篮中对球员的犯规

1. 对方球员向某球员犯规，该球员已在犯规发生时开始投篮动作，结果投中时即中篮有效加罚一球。

2. 如果裁判鸣笛后始行重新投篮，则投中无效。

裁判员规则

❖ 篮球裁判定义

国际篮联规定裁判员由一名主裁判员和一名副裁判员组

成，通过行使权力和落实责任，以保证比赛的顺利进行；裁判员的服装应由灰色上衣、黑色长裤、黑色袜子和黑色篮球鞋组成；在这个过程中，记录台人员和技术代表要协助裁判，服务于篮球比赛。此外，国际篮联的相关部门如地区委员会或国家联合会有权运用 3 人裁判制，美职篮（NBA）和中职篮（CBA)常用的裁判制，即一名主裁判员、两名副裁判员。

其中，记录台人员由一名记录员、一名助理记录员、一名计时员和一名 24 秒计时员组成。技术代表应坐在记录员和计时员之间，监督记录台人员的工作，并协助主裁判员和副裁判员保证比赛顺利进行。必须充分强调：担任一场比赛的裁判员要本着公平、公正和公开的态度，不得与比赛双方的组织有任何方式的联系。裁判员、记录台人员和技术代表要按照这些规则来指导比赛并无权同意改变这些规则。

主裁判的职责和权力

1. 主裁判员要检查和批准在比赛过程中使用的所有器材。

2. 主裁判指定比赛的计时钟，并确认记录台人员。

3. 主裁判禁止任何队员佩戴对其他队员有危险的物品。

4. 主裁判要在每半时、每节或决胜期的比赛开始时在中圈执行跳球。

5. 裁判员出现意见不同时，主裁判要做出最终的决定。

6. 当情况需要时，主裁判有权中止比赛。如果球队在得到通知后拒绝比赛，或其行动阻碍比赛的进行，主裁判也有权判定该队弃权。

7. 在每半时和每一决胜期终了，或任何他认为有必要的时候，他要仔细审查记录表、核定比分。

8. 主裁判员有权决定这些规则中未明确规定的事项。

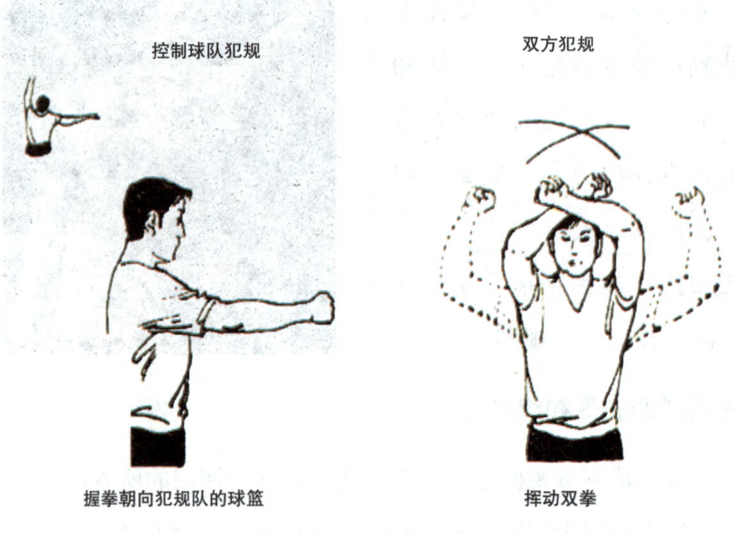

裁判员对比赛时间的规定

1. 在预定的比赛开始时间前 20 分钟裁判员应到达球场，从此时他们的权力应生效，当裁判员批准比赛结束时他们的权力结束。在比赛时间结束时，经主裁判员的认可和在记录表上签字终止裁判员对比赛的管理以及他们和比赛的联系。

2. 如果在早于预定的比赛开始前 20 分钟或在比赛时间结束和核查及在记录表上签字之间发生了运动员、教练员、助理教练员或随队人员的违反体育道德的行为，主裁判员必须在签字之前在记录表的反面记录该事件，技术代表或主裁判员必须向竞赛的组织者提交详细的报告。

3. 如果其中一队提出抗议，技术代表或主裁判员应在比赛时间结束后的 1 小时内向竞赛的组织者报告该事件。

4. 如果在第 4 节或决胜期的比赛时间结束的大约同时或正好之前发生了犯规，作为执行罚球的结果需要有决胜期，那么在比赛时间结束的信号响后至完成罚球前发生的所有犯规，应被看作在比赛休息期间发生的并相应地予以处罚。

5. 任一裁判员无权不顾或质问另一裁判员在本规则规定的各自职权范围内所做的宣判。

裁判员在发生违犯规则时的职责

违犯规则是指由队员、替补队员、教练员、助理教练员或随队人员造成的所有违例和犯规。

裁判员在处理违犯规则时的程序：

1. 当发生违例或犯规时，裁判员鸣哨，并同时给出适当的手势，停止比赛计时钟。

2. 罚球或投篮成功后或当球成活球时裁判员不应鸣哨。

3. 宣判每一起犯规或跳球后，裁判员应在球场上交换位置。

4. 对所有的国际比赛，如果有必要用口语使宣判清楚，则应使用英语处理。

裁判员的手势

1. 得分

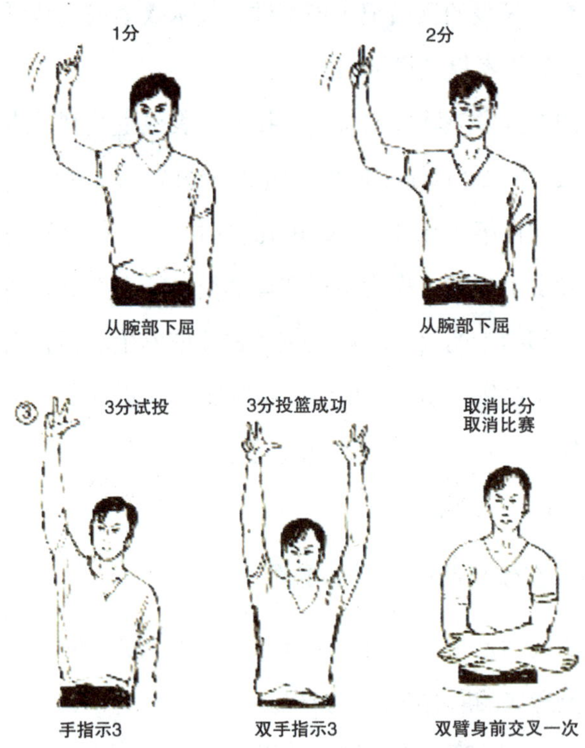

2. 计时

停止计时针（鸣哨或不开动计时针）
犯规停止计时针（鸣哨）
伸开手掌
一拳紧握，一拳下指腰部
计时开始
30秒复位
用手做砍劈动作
转动手指

3. 管理

带球走
非法运球或两次运球
转动双拳
轻拍动作

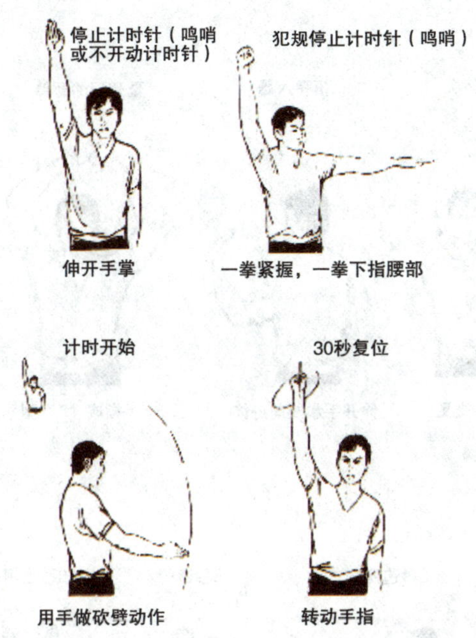

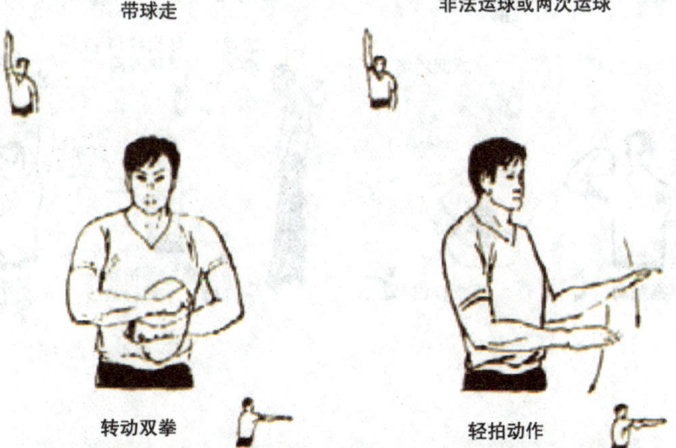

4. 违例

替换
招呼入场
要登记的暂停
前臂交叉
伸开手掌摆向身体
手指成“T”型

携带球
3秒违例
5秒违例
10秒违例
向前半圈
伸出手臂示三指
示五指
示十指
30秒违例
球回后场
故意脚球
球出界和（或）进攻方向
跳球
手指触肩
手指伸出
手指指向脚
手指指向平行边线
两手指向上

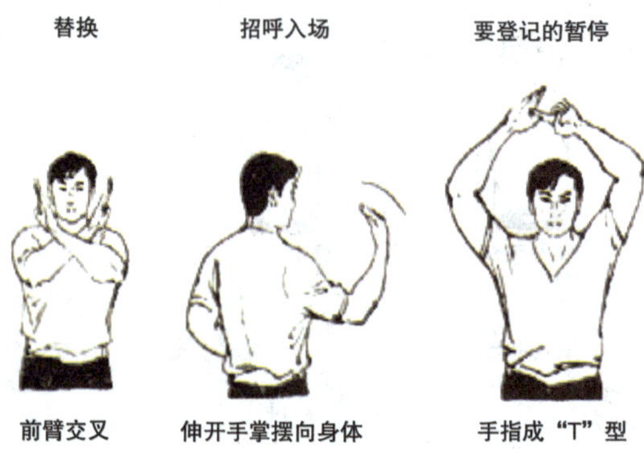

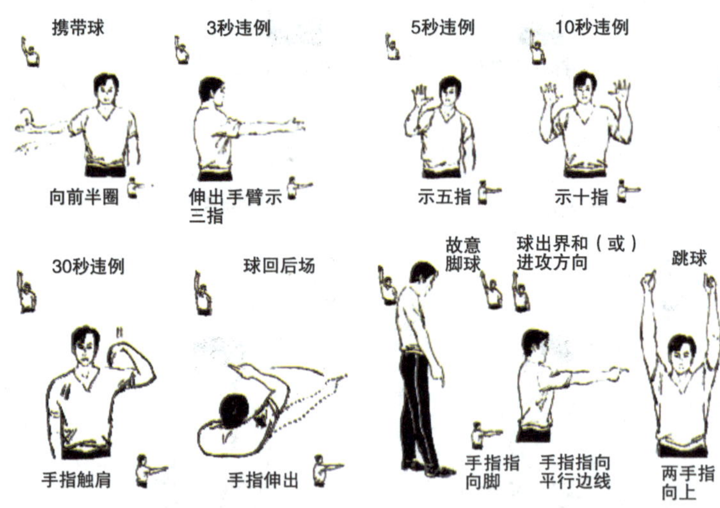

报告犯规的三大步骤

1. 说明号码

2. 说明犯规情况

3. 判罚结果

非法用手

击腕

阻挡（进攻或防守）

双手置臀部

过分挥肘

向后摆臂

拉人

抓住手腕

推人或徒手撞人

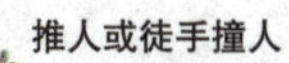

模仿推

带球推人

握拳击手掌

技术犯规

手掌成“T”型

违反体育道德的犯规

握住手腕

取消比赛资格的犯规

紧握双拳

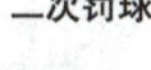

一次罚球

举起一指

二次罚球

举起二指

三次罚球

举起三指

一次罚球

水平伸一指

二次罚球

水平伸两指

三次罚球

水平三两指

裁判处理球场特殊情况

1. 在比赛中出现运动员受伤时，裁判员为保护运动员可以停止比赛。

2. 在活球的情况下，运动员受伤，裁判员要依据当场的情况，如果情况不严重，不应鸣哨，直到比赛出现控制球的队已经投篮、失去控制球、持球停止进攻或球已成死球。然而，当有必要去保护受伤队员时，裁判员可立即中断比赛。

3. 对受伤队员进行替换，保证比赛顺利进行；如果受伤队员不能立即（大约 15 秒钟）继续比赛，或如果他接受治疗，他必须在 1 分钟内或尽可能快地被替换。

然而，已经接受治疗或在 1 分钟内恢复的受伤队员可以留在比赛中，但他的队要被登记一次暂停。

第二章

运动中的自我保护

你的身体适合打篮球吗

篮球运动由于其自身的特点，在运动中不可避免会发生身体之间的碰撞，使得运动员受伤的概率大大提升，正因为如此，有一些刚刚接触篮球运动的人们考虑到这一方面，会严重影响到其对这项运动的兴趣。

一般而言，篮球运动属于全民性质的体育项目，不论年龄，不限性别，更不分种族和肤色。只要你能活动，就能够参加篮球运动。随着全民运动热潮的影响，尤其是 2008 年北京奥运会之后，我国越来越多的群众参与到体育锻炼之中，篮球运动便是其中一项较为常见的运动，在社区、街道、学校和农村篮球设备比较常见，给人们进行篮球运动带来便利，所以，只要你想运动，爱好篮球，能够活动就能够打篮球。但是，要想进行篮球对抗赛则需要一定的身体素质；至于参加职业篮球比赛，对身体条件的要求更严格，需要经过一系列的系统检查和科学训练。

一般进行篮球运动需要：弹跳力、耐力、爆发力和纯力量等。

在身体锻炼中，会依据位置不同，重点锻炼的能力也不同。比如说，后卫一般爆发力和耐力好的话会比较有优势。中锋则比较需要纯力量和耐力。

❖ 弹跳力锻炼的方法

锻炼弹跳力最好的方法就是做深蹲、踮脚，以及摸高练习。

其中踮脚就是把脚掌踮起来，感受到小腿肌肉的绷紧。在进行深蹲训练中，杠铃杆在背上的位置是最需要注意的。

将杠铃杆举离深蹲架之前，需要确保正确的位置。双手应该保持宽握距。你通过将一个小标记放在深蹲架标度内来分辨宽握距。将无名指放在这些标记上，然后紧紧地抓住杠铃杆。之后，让身体位于杠铃杆下方，将杠铃杆放在你的肩胛骨而不是你的脖子上，如果将杠铃杆放在脖子上会导致严重的受伤或产生剧烈的疼痛感。

一旦杠铃杆离开深蹲架，慢慢后退直到你有充分的空间来蹲下到 90 度。在蹲下之前，要确保双腿保持直线向前，并在整个深蹲中保持这个方式。同样，要确保向上望天花板，因为这样会保持挺胸。当蹲到 90 度,就收缩臀大肌,立即爆发,其中,保持脚跟触地是非常重要的，这样可以运用整个腿部肌肉去爆发出力量。要确保在蹲下后停留时间不要超过 2 秒钟，否则就会失去爆发力，当爆发后，就成功地完成一个深蹲。

小贴士

要根据自身的身体情况，不能过度锻炼，过度锻炼有可能造成肌肉拉伤等问题。

❖ 力量锻炼的方法

俯卧撑和仰卧起坐是最基本的锻炼方式。两项结合，对身体的锻炼有很大帮助。进行俯卧撑锻炼的时候可以适当调整节奏，频率快可以锻炼爆发力，频率慢可以锻炼耐力，训练者要根据自身条件制定相应的锻炼计划。

❖ 俯卧撑的做法

动作的重点是全身挺直，平起平落。双手支撑身体，双臂垂直于地面，两腿向身体后方伸展，依靠双手和两个脚的脚尖保持平衡，保持头、脖子、后背、臀部以及双腿在一条直线上。

仰卧起坐的做法有以下几种：普通做法的仰卧起坐只能练到中间部分的腹肌，而要将腹肌完全练起来，则还需要科学系统的锻炼，根据自身的条件，可以去健身房，一般教练都能给你制定一些锻炼力量的方法。

我们为什么喜欢打篮球

篮球是当代最为流行的体育运动方式之一，是篮球爱好者生活中不可或缺的一部分，成为世界几大运动之一，有着众多的爱好者。喜欢打篮球的原因，篮球不仅对运动者的身体锻炼起着至关重要的作用，而且可以增强各方面的素质，例如，可以提高协同合作能力，提高团队精神，有利于思维敏捷，增强交际能力。

❖ 有利于全面素质的提高

经常进行篮球运动有益于青少年骨骼的生长发育，长时间打篮球会身手灵巧，思维敏捷，提高协同合作能力，培养团队精神，在进行比赛的同时，能够认识很多朋友，培养交际能力，在认识朋友的同时能够学到更多知识，集思广益；同时，通过篮球运动可以调节紧张的学习、工作、生活。

❖ 篮球是一项富有激情和悬念的运动

人的一生最不可或缺的是生活的激情，没有激情，生活就会失去应有的意义；没有激情，整天浑浑噩噩，缺乏生活目标；没有激情，人的性格就会显得格格不入，在和朋友家人交往中，会影响彼此的情感交流。篮球的魅力就在于能够带来激情，能够让一个人重新焕发青春，让人生随时能够享受精彩的乐趣。例如，在紧张的工作生活之余，约几个朋友，拿起篮球，叱咤

球场，不仅有利于身体健康，而且给生活带来乐趣，带来激情。

在篮球比赛中，最惊心动魄、扣人心弦的画面，无疑是那一个个改变结局的绝杀。悬念重生，让观众体会到不放弃的精神，激励着篮球达人的人生，喜欢篮球运动的达人都是不向命运低头的，都是从不放弃自己梦想的，更是面对困难从不退缩的。

篮球运动之所以在全世界广泛流行，它本身就有无可阻挡的魅力。篮球精神包括永不放弃、坚持不懈等内涵，能够感受到篮球运动员的激情，能够学习感受到篮球运动员在成长过程中坚持不懈的精神。很多如《灌篮高手》一样的励志动画，可以让观众感受他们的激情，让自己融入其中，跟着一起感动。最重要的是在篮球运动中能够找到快乐。

❖ 打篮球能够造就坚韧的性格

喜欢篮球，有的时候不仅仅是篮球本身，对于篮球迷们来说，更多的时候是喜欢篮球所承载的精神和理想。篮球带来的

不仅仅是一场场胜利和功成名就，在它的背后蕴藏的许多感人的故事，激励着人们向着自己的理想奋斗。纵观世界篮球赛事联盟，每一个被人熟知的篮球明星，背后都有着一段段感人至深的奋斗故事。在每一个年代都有影响一生的篮球传奇，在看到传奇故事荣耀的同时，带给我们的是光荣之路的艰辛和不易。乔丹的神话是乔丹艰苦训练的成果，告诉我们只要努力，普普通通的人也能够封王称神；“答案”艾弗森小个子也能称霸NBA，告诉我们只要有毅力和坚韧的性格，就能够克服先天的限制，实现自己的梦想。

❖ 有利于培养健康的身体条件

大量研究表明，经常进行篮球运动可以显著地降低心血管病形成和发生的危险性。进行篮球运动时，由于肌肉的紧张活动，心脏工作增加，心肌的血液供应和代谢加强，心肌纤维增粗，心壁增厚，心脏体积增大，外形圆满，搏动有力。这一切也是治疗心血管病的良方。

篮球运动还可以使血压有所下降，并能降低血清胆固醇含量，对于预防高血压、冠心病有良好的作用。经常进行篮球运动，可以增强心脏功能，使每搏输出量增加，能使动脉血管壁的中膜增厚，平滑肌细胞和弹力纤维增加；使骨骼肌肉的毛细血管分布数量增加，分支吻合丰富；使冠状动脉口增粗和重量增加；心肌的毛细血管数量增加，这均有利于包括心脏本身在内的器官供血和机能的提高。

经常进行篮球运动有利于增强体内营养物质的消耗，使整个肌体的代谢增强，从而提高食欲；另外，还会促进胃肠蠕动和消化液分泌，改善肝脏和胰腺的功能，从而使整个消化系统的功能得到提高，为人的健康和长寿提供良好的物质保证。

❖ 有利于塑造良好的身材

过分肥胖严重影响人的身体健康，容易造成心脏负荷加重，寿命缩短。如果一个人的皮下脂肪超过正常标准的15%～25%，那么，他的死亡危险率会增加到30%。篮球运动可以减少脂肪，增强肌肉力量，保持关节柔韧，有利于控制体重，塑造良好的身材。

❖ 篮球不只是一项运动

总有一天当我们老去，夕阳下，球场上，挥汗如雨将成我们这辈子最难忘的回忆，也许有一天，生活的压力，工作的烦恼，想起篮球的时间可能只是梦醒的那一刻，你会因为这些种种的原因不再打篮球了，但在你的心里还是会喜欢篮球，因为真心喜欢的东西不可能轻易放下，这种喜欢和爱不只是简简单单的对一项运动的喜欢，而是对陪伴你度过青春年华的朋友的一种迷恋和怀念。

怎样在打篮球时避免不必要的伤害

篮球运动的对抗性强，也正是在这种激烈的对抗比赛中才能表现出更高的技术和战术，对抗与竞争给篮球运动带来旺盛的生命力，从而赢得了更多球迷的喜欢、关注。但是，身体的对抗自然少不了意外伤害，在打篮球的时候，避免不必要的伤害是篮球运动员最需要面对的问题。

在篮球运动中，常见的有以下几种受伤情况：手指挫伤、膝关节慢性损伤、踝关节急性扭伤、大腿肌肉顶伤。

❖ 手指挫伤

不管是经验丰富的篮球运动员还是初学者，都会遇到手

指受伤的情况，这种受伤的情况也是较为常见的。尤其是篮球初学者，手指被挫伤的概率较大，手指不是关节变形就是弯曲，这种损伤与传球、接球技术动作不当有很大的关系。

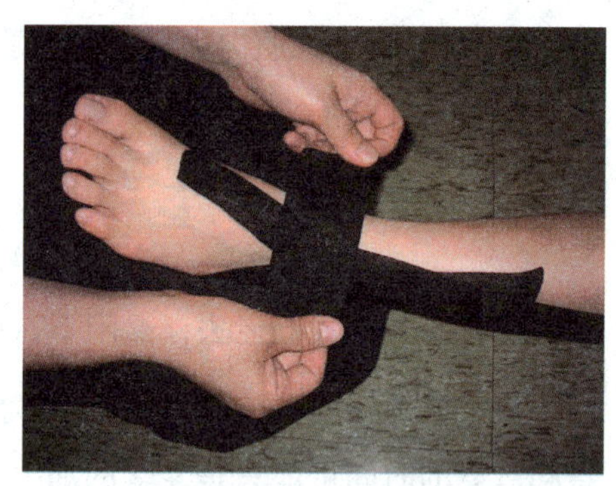

预防措施：

1. 接球时的技术动作是掌心对球，手指向上，而不是我们通常所做的“掌心相对”。如果用掌心相对的姿势去接球，手指刚好指向飞来的篮球，两掌之间的距离掌握不好，篮球就会挫伤手指。

2. 传球的力量太大，像扔硬物一样，僵硬而不柔和，接球的人也容易挫伤手指。所以，学习好篮球传接球的基本技术是非常重要的。

3. 做好准备活动，十指张开用点力合十，注意大拇指的活动。打球时不要总想着断球，遇到绝佳机会再出手断球，否则盲目地冲前断球，不但容易被过，还容易戳伤手指。

❖ 膝关节慢性损伤

篮球运动有一个特点——防守滑步。滑步的时候处于半蹲位，膝关节弯曲，长期这样的左右滑步的动作，易使关节面磨损，侧副韧带松弛；另外，打篮球过程中，反复起跳、落地对膝关节也有很大的冲击，尤其是起跳瞬间，膝关节要承受 2 ～ 3 倍的体重的重力。经常打篮球的人，到了 30 ～ 35 岁的时候，在爬楼梯或者下蹲时膝关节会出现疼痛。

预防措施：

首先，准备活动要充分，打篮球前应该在场地慢跑 2 ～ 3 分钟，让体温升高，此时关节腔内的润滑液分泌逐渐增多，否则润滑液少关节就易受损。其次，可做些拉伸肌肉运动，比如，扩胸、体侧、压腿等动作，让肌肉、韧带充分活动开。

❖ 踝关节急性扭伤

投篮起跳时，所有队员的目光都往上看，等到落地时很容易踩在别人的脚上，其结果是一方的脚趾被踩，另一方可能就是踝关节的扭伤。轻者小肌肉损伤，重者关节韧带撕裂，出现

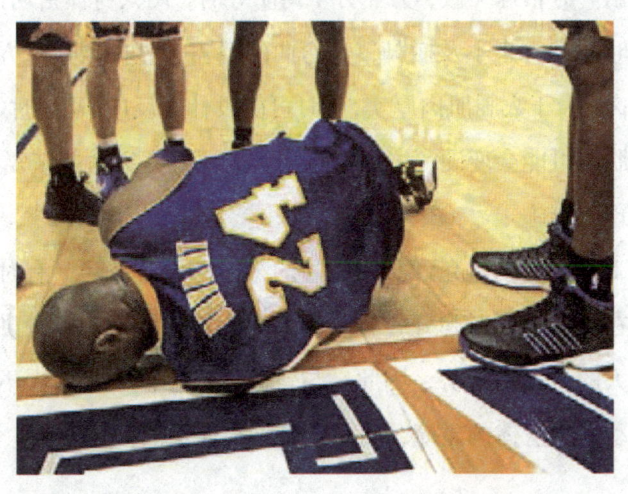

红肿、疼痛。

预防措施：

1.踝关节扭伤恢复的时间需要 2 ～ 3 个星期，严重的甚至需要 1 个月时间，因此保护措施一定要做足。首先是要选择专业的篮球鞋，这种鞋子的前掌外侧加宽，增加了脚底面积，可以防止踝关节外翻。

2.在脚踝关节戴上弹性绷带或护踝，尤其是踝关节经常受伤的人更要注意。练习前以胶布（绊创膏、绷带）缠绕脚踝，即可稍起预防扭伤之效。

3.加强踝关节的肌肉、韧带力量，可以做站立时踮脚或者直膝跳跃的练习。做脚踝的准备操——脚侧踢球运动，同时亦能强化该部位肌肉。

❖ 大腿肌肉顶伤

当一方带球突破，另一方半蹲防守时，两人身体密切接触，而有时防守方来不及撤脚，其弯曲的膝盖会直接顶住对方的大腿肌肉。由于大腿肌肉厚实，当时可能没什么反应，几小时之后，大腿肌肉可能会变硬、淤血、疼痛，需要好几天才能恢复。

预防措施：

1.篮球运动是允许身体碰撞的，但撞也有技巧，有时两个人碰在一起，同时弹开，有时是一个人被弹开，一般来讲，身材高大的人多占优势，因此，与自己体格相差太大的人不要与之主动发生身体的碰撞，而要学会自我保护。

2 篮球场地不宜过硬，起跳落地没有一点缓冲，对关节不利，摔倒也极易擦伤。

另外，在篮球比赛中，出现意外受伤情况是不可预料的，只有做好必要的预防措施才能有效避免不必要的伤害。上场前先做好预热活动，拉拉韧带，防止拉伤，让身体处于最佳状态。对容易受伤的部位充分保护，比如说，脚踝的保护，如果有旧伤，就一定要戴护踝或者穿高帮的球鞋，避免伤势加重。看见场上如果有球风比较猛的对手或者动作很大的对手，要多加留神，不然他们很有可能无心中伤害到你；加强球感的练习，平时多运球、增加球感。

小贴士

打球十忌：

第一忌：欺负小孩；第二忌：输不起；第三忌：内讧；第四忌：耍花架势；第五忌：暴脾气；第六忌：装高手；第七忌：带情绪打球；第八忌：爱挑衅；第九忌：不要命；第十忌：纵容有这些行为的人。

你要学会的紧急处理

在篮球运动中，学会紧急处理是至关重要的。其中脚踝扭伤和手指挫伤是最常见的情景，脚踝扭伤和手指挫伤后，该怎样进行紧急处理呢？

手指的挫伤因手指受到强烈的冲击而产生，手指的挫伤可分五种情况：(1)扭伤；(2)脱臼；(3)骨折；(4)腱断裂；(5)挫创伤（皮肤裂开）。若发生扭伤，受伤后马上用冰敷或是冷水进行处理，其治疗方法同其他部位的扭伤，先行冷敷，2～3天之后，则在该部位保温同时按摩。脱臼时要能忍受疼痛，让医疗人员将手指拉直，恢复原状，然后和前法相同地处置。至于手指严重的挫伤、骨折、腱断裂则不许乱动，速送医治疗才是上策。

不幸脚踝扭伤之后，先将患部冷敷，再施加适当的压力。冷敷时只可用冰水，加压时则先垫以海绵，再从海绵上方用具有弹性的绷带包扎。

在打球时，鼻梁骨被对方的头部撞到了，出现流鼻血的情况，这是鼻腔毛细血管破裂所致。马上止血，用冰袋冷敷，头部上仰，如果很痛，则有可能是鼻梁骨骨折，需要到医院治疗。

在篮球运动中不幸膝盖擦伤，应进行如下的紧急处理：如果只是擦伤表皮，流血不是很多，可以就近用纯净水冲洗伤口表面污迹，待找到消毒液后立即用消毒液（酒精、碘伏、双氧水等）对局部擦伤部位消毒，并且每天都要消毒至痊愈；如果擦伤到肌肉（伤得比较深），这种情况出血往往比较多，如果在球场附近没有任何医疗用品可用的话，那就要赶紧将伤员送去就近的医院进行清创处理。

在打球时，指甲缝流血，应进行如下紧急处理：如果创口较大，指甲与甲床明显撕扯开了，可用云南白药止血消炎，并用纱布包扎手指；如果化脓感染可用百多邦外擦，尽量不要让手指沾水，防止手指进一步感染，及时换药保持卫生；如果创口不大，可在出血口处撒上云南白药，如果伤口较隐蔽难用药就用云南白药创可贴包扎即可，伤口小的只要不让伤口见水，保持卫生和干燥一般很快就会愈合。

第三章

开始你的篮球之旅

想要成为一名篮球达人，必须对篮球运动的基本技术有个系统的了解，篮球的基本技术包括以下几方面：移动技术、传球技术、投篮技巧、运球技术、持球突破技术、攻击性防守技术和抢篮板技术；了解学习这些技术不仅能够提高你对篮球运动的理解，而且能够全面提高篮球技术，使你成为篮球场上的主角。下面通过图文结合的方式具体介绍这些篮球技术。

移动技术

移动是指篮球运动员在比赛中采用的各种脚步动作，从而改变位置、方向、速度，目的是争取有利位置，取得比赛的主动权，队员在球场上需要保持一个既稳定又便于移动的站立姿势，以利于迅速、协调地完成各种攻守技术。

在篮球运动中，运动员的跑、跳、停、转身、跨滑步等动作都叫移动技术。能够移动的动力来自肌肉收缩力和地面的支撑反作用力。在运动中时动、时停，其快慢取决于人体保持平衡与打破平衡能力的高低，重心低则站得稳，屈膝降臀，双脚间距要大。要想起跳快，身体的重心必须迅速移出支撑面，必须用力蹬地，同时上身要迅速向移动方向倾斜。

❖ 科学的站立姿势是学好移动技术的前提

站立姿势是否正确直接影响各种技术动作的完成。所以，站立姿势的掌握尤为重要。正确的站立姿势是双脚左右或者前后开立，大致上与肩同宽，双膝内收，重心落在双脚之间，体重要压在前脚掌上，上体稍前倾，颈部放松，两眼平视前方，双臂自然垂于体侧。而在防守时，双脚站立比肩宽应大一些，重心应更低一些，同时双肩合理张开。

小贴士

必要时根据比赛时的具体情况及时做出调整，不能机械地去站立。

❖ 起动的要素

起动时后脚蹬地要有力，有多大劲就用多大劲。身体上部快速前倾，同时用小碎步使速度快速提高。在起动时一定要注意重心不要太高，起动时步子不要太大以免起动动作慢。不要弯腰，应屈膝降臀才能重心低，才能在较短时间内提高速度，以达到快速移动的目的。向侧起动时除了方向不同，即用异侧脚的前脚掌用力蹬地，上体向起动方向侧转外，其他同向前起动动作。跑也是移动中的重要环节，包括侧身跑、变速跑。侧身跑时脚尖对准跑的方向，头和上身自然转向有球的一侧，上体及双臂放松。

小贴士

注意场上情况的同时，又要在快速跑动中做好接球准备。

❖ 跑的练习

跑是为了争取时间完成攻守任务的脚步动作。移动主要是通过跑来完成的，跑使移动的范围加大，速度加快，效果明显，所以说跑是移动得以实现的主要手段。跑主要有变速跑、变向跑、侧身跑、后退跑。变速跑是队员在跑动中利用速度快慢变化完成攻守任务的一种方法。变向跑是队员在跑动中利用方向的变化完成攻守任务的一种方法。侧身跑向前跑时，脚尖对准跑动方向，上体和头转向球的方向。以便观察场上的情况。后退跑时，用两脚的前脚掌交替蹬地向后跑动，上体放松，保持平衡，眼睛平视，观察场上的情况。

侧身跑和变向跑是跑的主要技术，在实践中它们运用得较多。侧身、向前跑时，脚尖一定要做到对准跑的方向，头和上体自然转向有球的一侧，上体及双臂放松并时刻注意场上情况。同时要在快速跑动时做好接球的准备。变向跑时，队员从右向左变方向跑时，最后一步用右脚前脚掌内侧用力蹬地、制动、屈膝，脚尖稍向内扣，腰部随之左转，上体向左侧前倾，重心左移，同时左脚向左前方跨出一小步，右脚快速向左腿侧前方跨出一大步，然后加速前进。

❖ 滑步

滑步有侧滑步、前滑步和后滑步三种。在实际应用中，侧滑步运用最多，具体方法是：

两脚左右开立约肩宽，膝盖稍微弯曲，上体稍前倾，两臂侧伸，目平视，盯住对手；滑步时身体不要上下起伏，随时调整重心，保持身体平衡；动作结束时，恢复原来的身体姿势，随即进行下一个动作。

❖ 急停

急停是在跑动中忽然制动、停止的一种动作方法，也是衔接各种脚步动作的有效方法。急停有跨步急停和跳步急停两种。

跨步急停时第一步要大，同时上体后仰，重心后移并降低，减缓向前冲力。紧接着后脚要贴近地面前移完成第二次着地。两膝内收，两臂自然张开，平衡身体。

跳步急停时，用双脚或单脚起跳，上体稍后仰，两脚同时平行着地，略比肩宽，双膝迅速弯曲内收，重心落在双脚之间。

❖ 转身

转身时保持重心稳定，身体平衡很重要。练习时，身体重心移向中枢脚，另一脚前脚掌蹬地同时以中枢脚前脚掌为轴蹬地，上体随移动脚转动，以肩带动腰向前、向后改变身体方向。

传球技术

在篮球运动中，传球是最基础的技术，也是运用最多的技术。传球技术直接关系到比赛的胜负，一场比赛的胜负是由许多因素构成的，但由于传球失误而输掉一场比赛的例子屡见不鲜。在一场比赛中，一个队进攻 80 ～ 90 次左右，如果以每次进攻传球 5 次来计算，一场比赛传球竟达 400 ～ 450 次之多，从这个数字来看传球是比赛中运用最多的技术。

另外，传球是配合的基础；比赛中的快攻传切、中锋策应、突破分球等一些配合都是通过传球进行的。它起着全队进攻配合的纽带作用，队员之间的有目的有战术意识的传球，能够调动守方的防守阵形，会按照我们事先的预想去移动，那么就会

出现我们所需要的战机，传球就达到了配合进攻的目的。

❖ 传球方法

保持正确的持球姿势

持球队员在球场上的姿势一般保持两膝微屈，重心较低。对防守队员要有一定的威胁，可传可投可突破。同时要保护好球，身体要介于防守者与球中间，或者用双手将球高举以减少防守者袭击的可能性。

学习正确的手臂动作

传球时，要把小臂的挥动力量通过手腕的前屈，集中在指尖上，再利用手指肌肉爆发性的突然收缩力量，向传球方向闪电般地抖动，通过指尖传出，使传出的球内旋，传球后并要有跟随动作。但不要有多余的附加动作，所用幅度不要

过大，以免影响传球速度和暴露传球意图。要迅速准确，传球力量不可过大或过小，要根据接球的距离而定，不要使球过分旋转，否则同伴不易接稳。

注意传球前的视野

传球前，不能暴露传球意图，不要用眼睛盯住接球者，或者面部带有表情，但必须充分利用眼睛的余光扩大视野和观察面。

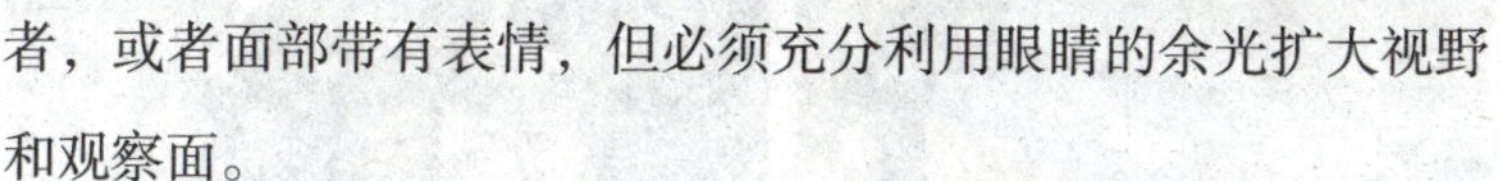

在观察同伴的同时，也要注意防守同伴的对方队员的位置和意图，当同伴有接球的准备，而且防守接球的人没有断截球的可能性或意图，方可传出。

找准传球的目标

传球一定要有目标，通常将球传在同伴远离防守者的一侧，特别是给中锋供球时。

中锋背对防守者，不了解防守者的位置，就更要传“示意球”。

不能脸朝着一侧而将球盲目地传给自己看不到的处于另一侧的同伴。

小贴士

避免从一侧边线向另一侧边线的横传或高吊球，特别是在本方的限制区内，这种球容易被对方截断；也不要传球给与自己移动方向相同的同伴和那些处于角落不动无摆脱动作的同伴。

篮球

❖ 使用假动作

当防守者紧逼跟随自己手中球的移动而相应移动时，传球前要利用有诱惑性的假动作，造成防守者的判断错误。这样才能获得一个良好的传球通道，以致能够传到更有利的位置。

假动作一定要真、要快，当稍做假动作而防守者做出明显反应时就立即将球用微小的指腕力量传出。

❖ 把握传球的时机

传球一定要抓住时机。切忌同伴有了好的接球时机而没传或盲目做了一个动作后又传。因为球场上的攻守队员都在不断变化移动着，错过了时间，就失去了好的传球机会。

持球队员要始终预料到同伴摆脱防守跑到有利于进攻的位置上去并准备随时将球传给他。

在行进间传球时，要判断接球者跑动的速度，传球的提前量要合适。

在快攻出现二打一、三打二接近禁区时，持球人首先要上篮，遇到防守者阻拦时，再传给同伴，因为在快攻结束段，传球区域小，只有通过冲篮动作，把防守者引到封盖上篮的位置上，才能出现较好的传球角度。

小贴士

切忌将球传到跑动接球人的身后。

❖ 掌握传球的多种方法

要熟练掌握多种传球方法，要随场上情况而变化。传高大队员时，要用击地反弹或低手上挑，穿越矮小的防守者要用单手肩上、勾手、双手头上等方式走上路，穿越紧逼的防守者要用单手体侧，背后传球方式，上中下三路都要利用，但尽量运用最简单最安全的传球方式，反对华而不实。

胸前传球：从胸前传球快速、有效，是最常用的传球方式。

双手持球的预备站位：面向要传球的队友，抬头、屈膝，手指张开，将球持在胸前，两肘微向外，伸臂向外推球时，向前跨。

双手击地传球：击地传球通常用来将球从防守队员张开的手臂下传出。

双手击地传球的技术要领与上面讲到的从胸前传球一样，只是球传出时手指向下用力，使球碰地板反弹后，到达接球队友的腰部位置。

低手传球：低手传球是一种近距离的传球，通常用于将球传递给离自己较近的队友。

用手指托住球的下半部，伸臂出球时，向传球方向迈一步，做随球动作时固定手腕，也将球传向接球队友的腰部位置。

双手头上传球：我们经常看到在篮球比赛中抢到篮板球的队员用这种方式将球传给位于远处前场处于有利位置的队友。双手头上传球可以越过防守队员，并且可以传得很远。

双手从球的两侧面持球（手指尖朝上），置于头顶，肘部微屈，向传球方向跨一步的同时手腕向后转，球移至脑后，将球向前抛出，手腕向下转发力。

单手肩上传球：单手肩上传球是篮球中常用的中远距离传球方法。单手肩上传球，用力大，球飞行速度快，利于抢到篮板球后迅速组织快攻。

动作方法：单手持球的后下方，利用蹬地扭腰、转肩动作，向前甩臂、扣腕将球传出。

单手转体传球：单手转体传球在篮球比赛中是一种隐蔽的短距离传球方法。

外围队员传球给内线时，常用这种技术。单手转体传球与跨步、突破等假动作结合使用效果较好。出一步，球出手时手指向上、向前推。

技术方法：当持球手引球到体侧时，前臂摆动快，幅度小，腕、指急促用力抖动将球传出。

行进间传球：行进间传球是两名队员的配合动作，可以用单手或双手传球。

比赛中为加快进攻节奏，缩短传球时间，进场运用行进间传球。

❖ 传球的位置

在比赛中，对那些站着不动或向传球人跑来的队友，要传到队友的胸前或腰部位置，如果传得高了或低了，就会给接球队员造成接球困难，重新调整接球姿势，错过最好的得分时机，如果传球给斜线插切的队员，球可传得略高一些，但绝不要超过肩上。

传球是由持球方法、传球手法、球的飞行路线和球的落点四个部分组成。其中传球手法是关键，它直接影响球的飞行路线和落点。

1. 持球方法可分为双手持球和单手持球两种，根据需要选择不同的方式。不管哪种持球方法，五指自然张开、屈肘、抬头注视场上情况。

2. 传球手法是指传球出手瞬间，手腕、手指对球的飞行方向、速度、路线和落点的控制，即手腕翻转、前屈和手指弹拨的用力方法。传球的手法是主要的，但脚蹬地、腰腹和手臂用力与腕、指的配合，也是不可忽视的。

3. 球的飞行路线有直线、弧线和折线三种。可根据场上不同的情况，正确合理选择球的飞行路线，使同伴顺利地接到球。

4. 球的落点是指传出的球落的地方。传球时，要根据接球同伴的位置、移动速度和意图及其防守队员情况来定。

小贴士

人不等球，球不等人，人到球到，球到人到，以便能顺利地衔接下一个攻击动作。

投篮技巧

投篮是队员将球投入球篮而采用的各种方法的总称。投篮是篮球运动中的主要进攻手段，是唯一的得分手段，在篮球比赛中的一切进攻技术和战术配合的运用，都是为了创造更好的投篮机会，力争投中得分。因此正确掌握和熟练运用篮球的投篮技术，并且在篮球比赛中合理运用，以达到攻进对方篮筐更多的球，对争取比赛的胜利具有十分重要的意义。

随着现代篮球技术和战术的发展，当前投篮技术是向着以跳投为主体的多种方式、多种变化的方面发展。随着篮球运动的发展和运动员形态、机能、素质的提高而演变与发展，投篮技术出现以下多种方式：利用时间差投篮，侧身投篮，后仰投篮，高出手点投篮，空中换手投篮，空中变向投篮，单、双手的正反手空中转体或不转体的扣篮等新技术，可谓层出不穷。尽管出现了很多高级的、新的投篮技术，但都是由基本的投篮方法演变而来的。

投篮技术动作的方法很多，可分为单手和双手两大类。可在原地、行进间、跳起和跳起

中转身进行。下面列举几种必不可少的投篮技术，并详细介绍各自的投篮技巧。

❖ 原地投篮

它是篮球比赛中应用较广泛的一种投篮方法，是行进间、跳起、转身肩上投篮的基础。它具有出手点高，便于结合其他技术动作和不易防守的优点。

动作步骤：（以右手投篮为例）准备姿势是右手五指自然分开，手腕后翻，用手指根以上部位持球，手心空出。

左手扶球的左侧，右臂屈肘，置球于肩前上方，前臂与地面接近垂直，两脚前后或左右开立（约与肩宽），两膝微屈，重心落在两脚上。

投篮时，两脚蹬地，右臂随身体向前方伸展，手腕前屈，食指、中指用力拨球，通过指端将球投出，脚跟稍提起。

小贴士

上、下肢协调用力，用手腕前屈和手指拨球动作将球投出。

❖ 行进间投篮

它一般在快攻中或切入篮下时运用，也可以中、远距离运用，俗称跑动中投篮。行进间投篮的动作方法很多，但其动作结构基本相同。跨第一步的同时接球，上第二步后应立即投球，跳起在空中完成投篮动作。投篮时的出手动作，应根据与球篮的距离、角度以及防守队员所处的位置来决定。根据投篮的方法不同，以及为了应付场上的变化，第一步和第二步可以有大小、方向、快慢的变化。行进间投篮包括:行进间单手肩上投篮、单手低手投篮、勾手投篮。

1. 行进间单手肩上投篮

这种投篮在快攻或切入篮下时经常使用。可分为篮下单手肩上投篮和中远距离跑投。

2. 单手低手投篮

它所适用的时机是在快速移动中超过对手后投篮的一种方

法，手心朝上，用指端挑拨球，使球前旋并且柔和入篮，动作要协调。

3. 勾手投篮

它是背向球篮或斜插到篮下接球后经常运用的一种投篮方法。特别是中锋队员在篮下运用较多。它有远离对手、出手点高而且不易防守的优点。

动作步骤：

以从球场右侧斜插到球篮右侧为例，右脚跨出一大步接球，右脚用力侧蹬，左脚向左后方或球篮方向迈步，并以左脚前脚掌为轴向左侧后方转体，重心移到左脚上。

左脚蹬地转体的同时，右手持球由胸前经体侧向右肩上方画弧举起。当球位于头上最高点时，用手腕、手指的力量柔和地将球投出。

小贴士

手脚协调配合，控制身体重心，保持平衡，投篮时画弧举球并屈腕拨球。

❖ 跳起投篮

跳起投篮简称跳投，优点：突然性强、出球点高和不易防守，可以与传球、突破和其他假动作结合，在原地、行进中急停，面向或背向球篮的情况下，在不同距离上运用。跳投可分为：原地跳投、急停跳投等。

原地跳投

原地跳投包括：原地跳起肩上投篮，原地跳起单手头上投篮，原地跳起双手头上投篮。

急停跳投

这种方法一般运用于进攻队员运球向篮下突破时，防守队员为了防止突破，往往远离进攻队员，或迅速随着进攻队员向后移动，带球队员突然急停，跳起投篮。

急停跳投在比赛中的运用方法：对方紧逼防守贴得较近的时候，可利用掩护跑位，然后接球急停跳投。

防守队员步伐移动较慢，可果断采用急停跳投；对方犯规次数较多，进攻队可采用运球突破，到有利位置急停跳投，造成对方犯规，达到遏制对方有生力量的目的。

运用急停跳投要和接球、运球、突破结合起来。在比赛中，进攻队员若具备了准确的中远距离投篮能力，急停跳投会有更多的运用时机。

只能接、运球不能投，或只能投不能接、运球，在比赛中易被对方防死。

只有各项技术紧密结合运用，才能使防守者防不胜防。

如比赛中良好的运球或突破技术使防守者不敢轻易靠近，使准确的投篮技术得以充分发挥，在防守者防投篮时又可以运球或传球摆脱防守，创造机会。

所以不能只用急停跳投这一项技术，而应与其他技术相结合，方能发挥更大的威力。

小贴士

第一，由于急停跳投是在快速移动中突然进行的，所以起跳后的身体平衡不易掌握，容易产生身体向左、右、前、后倾斜的动作。克服办法是在准备时要降低身体重心并减速，用蹬地动作把前冲力变成向上的弹跳力，用腰腹力量维持身体平衡，保证球

出手时的稳定性。

第二，起跳要轻快有力，有一定的腾空时间，造成时间差、空间差，要跳上升到最高点时出球，球出手要快要柔和。

第三，投篮时，举球动作与摆臂相结合，举球高度以双臂自然为准。投篮手肘关节不要外展，尽量做到小臂与上臂垂直、与地面垂直，上臂与地面平行，然后用手抬上臂、展小臂、手臂充分伸直，最后由指尖将球投出，球离手后不要急于收回。

❖ 补篮

补篮是当球未投中而从篮上弹出时，迅速判断球的反弹方向，及时起跳，在空中直接托球或点球入篮的投篮方法。

其中，投篮命中率是衡量投篮技术的标准，影响投篮命中率的因素很多，投篮技术和心理素质是最重要的因素。投篮技

术需要运动员长时间练习，而心理素质则需要自身的调节。其中缺乏自信心、情绪紧张是影响投篮命中率的心理因素。

自信心是指运动员相信自己的愿望一定能够实现的心理素质，它是运动员充分发挥运动水平的前提条件。投球时，缺乏自信心就会感到拘束，不协调，从而影响投篮技术的正常发挥。

在投篮时，当运动员对成功的期望和怕失败的顾虑交错作用时，便会产生一种心理上的压力——紧张。情绪紧张会引起运动员身心产生一系列变化，如手或全身颤抖，脸色发白，心跳加速，血压升高，呼吸表浅急促，注意范围缩小等。无疑，这时投篮是十分不利的。因此，提高自信心，自我调节心理在篮球运动中至关重要。

小贴士

如何提高投篮自信心？自信，其实只是一种心态。需要的只是自己去发掘，并不需要过多繁杂的过程。只要对自己有信心，那么自己就肯定充满力量。不要过分顾及别人，过分去注意别人对自己的看法。要以无所谓、平常的心态去对待任何挫折。自信，其实很简单，只要相信自己就行了。当有了自信心，什么事情都会得心应手。关键在于自己，只要对自己有信心，就什么都能解决。另外，自信的最大因素，很可能是外界对自己的影响。

运球技术

运球技术是篮球运动三大进攻技术之一，是由进攻的一方控制球、支配球从而组织进攻、得分，最终赢得比赛。运球技术是球队集体进攻的战术纽带，是队员得到球后瓦解对方防守阵形、阵地进攻战术配合与发动快攻的重要手段。

❖ 运球技术动作指导

运球的身体姿势

运球时，两脚左右或前后开立，两膝自然弯曲，躯干微前倾，眼睛平视观察攻守阵位。非运球臂屈肘抬起约 60 度左右，肩、肘朝着防守对手，用以保护自己的空间不被防守者侵占、身体

不被防守者撞伤和球的安全运行。

手指运球

用手指运球是为了较好地控制球，运球时手腕放松，用向下动作拍按，而不是打击动作。运动员要学会两只手都会熟练地运球，开始先学习原地运球，熟练后可以边走边运。球从地面弹起的高度到腰胸之间。

尤其是在走动中，运球技术掌握好后，逐渐过渡到跑动中运球，加快运球移动速度直至全速。

小贴士

运球时抬头，以便时刻观察场上情况。如果只低着头运球，容易被防守队员紧逼，同时也看不到处于有利位置的队友，甚至自己处于可投篮的位置也不知道。

运球的落点

运球时，要根据球场上的不同情况选择不同的运球方式。运球速度、方向和防守的情况不同，球的落点也不同。

在无人防守或远离防守的情况下，用直线高运球，球的落点在运球手同侧的侧边或侧前，速度越快，落点越靠前，离自身越远，反之越近，运球者感觉适宜即可。

在积极防守情况下，球的落点应在体侧或侧后，以便保护球；

变向运球时球的落点基本位于异侧或侧前；

胯下运球的落点位于胯下两脚之间的地面上。

手脚协调配合

运球时既要使人体移动速度和球的运行速度高度协调，又

要保持合理的动作节奏。在移动速度不变的情况下，能否保持上下肢协调一致，速度上同步进行，关键在于拍按球的部位、落点的选择和力量大小的把握运用。脚步移动越快，拍按球的部位越是靠后方，落点越远，反弹起来的力量越大。反之，部位越靠上，落点越近，力量越小。

以肩、肘、腕三轴并用的运球方式

随着篮球运动的不断发展和“抢窃式”攻击性防守的出现，运球队员为了更好地控制球、支配球，采用以肩部为轴，上臂发力，前臂迎送球的动作幅度增大、手掌贴球的时间延长以及以肘、腕部为轴的小动作运球和中型动作运球的灵活性增大，加之侧身对着防守者，以达到保护球、安全进攻和其他技术的

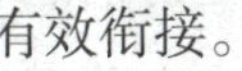
有效衔接。

这种以肩、肘、腕三轴并用的运球方式，可根据篮球场上的防守阵位和对手的防守特点等，手臂可以任意

伸长或缩短，运球可高可低，动作可大可小，节奏可快可慢。结合变速运球和运球时的假动作虚晃，达到突破防守的目的。

运球中的假动作虚晃

运球中的假动作，是运球队员为了隐蔽自己的真实意图，运用熟练的运球技术动作、速度、节奏、位置和方向的变化等迷惑对方，引诱防守者重心位移。

当防守者“上当受骗”移位后，运球队员不失时机利用这一漏洞空位，乘机改变前进路线，达到运球上篮、急停跳起投篮及突破分球的目的，容易收到立竿见影的效果。

水平位移

水平位移是指持球队员在运球过程中，身体重心在篮球场水平面上没有明显的起伏现象。如果运球时运球队员身体重心起伏明显过大，无意中消耗了进攻的时间，消耗了自身的能量。

持球队员在运球过程中，身体重心尽可能保持水平移动，以显示其下肢蹬地角度的科学性和达到目标的经济性。

❖ 运球方法

高运球

概念：运球时，球反弹的高度在腰、胸之间叫高运球。它是在没有防守队员阻挠情况下，为了加快向前推进的速度或在进攻中调整进攻速度和攻击位置时，所采用的一种运球方法。

方法：上体稍前倾，抬头看前方。

以肘关节为轴，用手拍按球的后上方，把球的落点控制在身体侧前方。

手脚协调配合，使球有节奏地向前运行。

小贴士

手拍按球的部位正确，手脚协调配合。

低运球

概念：运球时，球反弹的高度在膝关节以下的运球叫低运球。当受到对手紧逼或接近防守队员时，常采用这种运球方法保护球和摆脱防守。

方法：两膝迅速弯曲，重心降低，抬头看前方。

上体前倾，靠近防守队员一侧，用上体和腿保护球。

同时，用手腕、手指力量短促地拍按球，以便更好地控制球和摆脱防守，继续前进。

小贴士

两膝弯曲迅速，降低重心，上体前倾；拍按球短促有力，手脚协调配合。

运球急停急起

概念：运球急停急起是运球时利用速度的突然变化来摆脱防守的一种方法。多用在对手防守较紧的情况下，在快速运球中突然停止前进，迫使防守队员被动减速停住，趁其重心不稳时，再突然加速起动运球，摆脱防守。

方法：运球急停时，用手快速拍按球的前上方。同时，两脚做跨步急停，并转入低运球，用臂、上体和腿保护球。

运球急起时，后脚用力蹬地，同时拍按球的后上方加速超越对手。

小贴士

拍按球部位正确。停得稳，起得快。

换手运球

概念：体前变向换手运球是运球队员利用突然改变运球方向来突破防守的一种运球方法。这种方法多用于对手堵截运球前进路线时运用。

方法：以运球队员右手运球向对手右侧突破为例。

先向对手左侧快速运球，当对手向左侧移动堵截时，运球队员突然变向，用右手拍按球的右侧后上方。

并靠近身体向左侧送拍球，使球落在身体的左侧前方反弹。

右脚迅速向左侧前方跨出，上体左转并前倾探肩，

换手拍按球的后上方，加速运球突破。

小贴士

拍按球的部位、方向正确，同时要及时跨步、侧身护球和加速超越对手。

运球转身

概念：运球转身是运球队员被防守队员堵截运球的一侧并且距离较近时，运用后转身改变运球方法，借以突破防守的一种方法。

方法：以右手运球为例。

运球转身时，侧对防守，左脚在前做中枢脚，将球控制在身体右侧。

右手按球的右侧上方，随着后转身右脚蹬地后撤的同时，将球拉向身体侧后方落地反弹，即换左手运球，从对手的右侧突破。

小贴士

转身时要加力运球，以加大球的反弹力，增加手控制球的时间，利于拉引球动作的完成。

运球转身时，使上臂紧贴躯干来减小球的转动半径，同时运球手臂提拉球的动作和脚的蹬地、跨步、转身动作紧密结合。

持球突破技术

持球突破技术是篮球运动中最重要的技术之一，能反映出篮球运动员的综合能力，对运动员的整体能力要求比较高，是摆脱对手防守、创造得分机会、获得比赛得分的重要手段，也反映运动员个人攻击能力强弱。持球突破能轻易破坏对方的防守，增加对手防守时的负担。下面主要讲解持球突破的技巧。

常用的持球突破技术有交叉步突破和顺步突破。持球突破动作要领如下：

❖ 交叉步突破

以右脚做中枢脚突破时，左脚前脚掌内侧迅速蹬地后向右侧前方跨出，重心向右前方移动。

上体稍向右转，左肩向前下压，接着持球，中枢脚充分蹬地向前跨出超越防守。

❖ 顺步突破

以左脚做中枢脚突破时，右脚向右前方跨出一步，同时向右侧转体探肩，重心前移，用右手放球于右脚侧前方，左脚蹬地向右前方跨出，突破防守。

持球突破技术的重点、难点是重心前移和脚的蹬地。

易犯错误：跨步脚尖方向不正确，重心前移不够，不是跨步而是迈步。

小贴士

利用较典型的错误动作，进行剖析，强调正确动作关键，反复做重心前移的练习。

如球的落点不正确，利用标志线，使每次放球都能达到正确的位置。

持球突破是持球队员用脚步动作和持球技术快速超越对手的一项攻击性很强的技术。持球突破技术动作主要由蹬跨、转体摆肩、推放球和加速四个环节组成。

❖ 蹬跨

突破时，屈膝降低重心上体前倾，使重心前移，并配合积极有力的蹬地。

具体方法是：队员在突破前，两脚左右开立，略宽于肩，

屈膝降低身体重心，重心落在两脚之间，两脚跟稍提起。

双手持球于胸腹之间，注意保护球。突破时，用虚晃或瞄篮等假动作吸引对手。

移动脚前掌内侧蹬地的同时，中枢脚用力碾地，上体前倾并转体，重心前移，以带动移动脚迅速向突破方向跨出。

跨出的第一步要稍大，以缩小后蹬腿与地面所成的角度，增加后蹬力量，争取第一步就接近甚至超越对手。

第一步落地后，膝关节要保持弯曲，脚尖指向突破方向，以便第二步的蹬地加速。

❖ 转体摆肩

随着脚的跨出，要转体探肩紧贴对手的侧面，占据有利的空间位置，便于保护球和突破对手。

❖ 推放球

在侧身探肩的同时将球稍向侧前移，突破时向前下方推放球，要做到球领人，以便提高速度。球由体前推引至远离防守队员一侧，并在中枢脚离地前推按球离手，球落于跨出脚前的外侧，用远离对手一侧的手运球，使球反弹高度在腰膝之间。

❖ 加速

完成上述动作后，中枢脚迅速蹬地，加速前进。

❖ 把握持球突破的最佳时机

把握住持球突破的时机对该技术动作的效能有举足轻重的作用。

但以往的教材体系和实际教学中常有忽视捕捉“突破时机”的现象，因而影响了掌握技术尤其影响在激烈对抗中适时使用该技术动作的效果。

通过观摩大量各种层次的比赛特别是青少年比赛发现，持球者很少能捕捉到良好时机实施持球突破，比较普遍的是持球后盲目持球，频频变向转身，死顶硬撞，最后勉强投篮出手或传球出手。这些多余的持球、传球等动作都会贻误战机。有关文献资料表明，在比赛中能把握良好时机的投篮比没有把握良好时机的投篮要快 0.42 秒。

因此，拥有良好的突破意识的运动员就能对场上的比赛情况有一个清晰的了解，对场上的情况做出正确、敏捷的判断和分析，有了正确的判断就是选择最佳突破时机和选择正确突破技术的基础。配合强烈的突破意识和进攻欲望，运动员在突破的时候才能抓住场上稍纵即逝的瞬间，随机应变地选择合理的突破技术，与传球、投篮等技术结合起来。

❖ 合理利用自己的身体

在对手贴身逼抢的情况下，在突破过程中，为了避免身体接触，很多运动员都采用躲着对手持球突破，不敢贴身突破，

这样很容易给对手留出足够的空间和时间调整防守。在篮球运动中，要敢于在对手逼抢的情况下做动作，克服困难顽强拼搏，敢于和对手身体接触，充分利用身体的优势，在时间和空间上占有持球的主动权，同时也能给对手在心理上施加压力，很容易造成对手犯规。

小贴士

在利用自己身体的时候，要根据自己的实际情况，保护他人和自己的身体。

攻击性防守技术

现代竞技篮球运动在防守上具有鲜明的集攻击性、破坏性、针对性和集体性于一体的特点。由于这种积极、主动的防守在个人技术和全队的战术部署上具有很强的合理性和实战性，在比赛中往往能显示旺盛的生命力。以积极控制对手，施以极大破坏来争取比赛主动，力争在对方投篮前夺取控制球权为目的，充分体现攻击性防守的内涵。

它体现的是一种防守风格和打法，而不是一个具体的防守阵式，攻击性防守的方法主要有以下几种：

❖ 抢、打、断、掏、逼等防守技术

攻击性防守技术要求在行动上体现攻击性，气势上压倒对手，要求队员在准确判断的基础上，采用近身防守以夹、抢、打、断、掏、堵、逼、封、盖等能抢截球的防守技术作为基础，不失时机地抢、打、断球并紧逼、封堵、夹击、盖帽，迫使攻方失去有利位置或时机，造成失误。

防守姿势要紧随进攻队员动作的变化而做出相应调整，有平步和斜步及美式（重心很低，身体大幅度前倾，双膝稍弯曲的一种旨在快速移动的防守步法）等站立姿势。

但斜步防守在比赛中运用得越来越少，在防守的选位上，外线近身抢前防守站位。

内线贴身抢步卡位。在防守动作上，要在贴身紧逼的前提下控制好重心的移动和手脚的协调配合。

扎实过硬的个人防守技术是实施攻击性防守的前提和基

础，在此基础上，要具有强烈的防守意识和防守欲望，以此来与进攻方进行智力对抗、心理对抗、身体素质对抗。

以在对方投篮前夺球破坏进攻为直接目的，在合理灵活的技术运用当中体现防守的攻击能力。

❖ 严密的集体配合

个人防守行为的有机结合构成了顽强的集体防守基础，攻击性防守在集体防守战术配合中常常用到夹击的方法，并在主动出击的过程中有较高频次的补位、协防等配合的运用。

攻击性防守对集体配合有严格的时机要求，出击必须有威力，后续配合梯次节奏清楚，有序不乱，否则防守不堪一击。

而这些配合都是建立在全面、凶狠的个人防守基础之上。个人防守以整体配合要求为根本出发点，从局部到整体体现攻势防御的思想，把对手限制在最小的攻击范围之内，破坏

对手连续而习惯的进攻节奏，使对手不能合理、流畅地运用进攻技术。

❖ 尽力给进攻对手施加防守压力

防守队员积极控制对手活动，削弱进攻力量，在气势上主动压倒对手，从空间、时间以及心理上全方位压迫对手。

空间上的压迫：在严密控制和紧逼行动中，利用点、拨、挑、打、抢、挤、顶、断等攻击性动作，使对手处于高度戒备状态，不敢乱动，不断感觉到强烈的压力，不能很好地完成技术运用，造

成动作变形，影响动作质量，最大限度地消耗对方的体能，取得空间上的主动。

时间上的压迫：采用主动积极的防守措施，以快速的奔跑，积极的阻截、破坏，连续不断的逼、抢、起跳封盖等技术，迫使对手缩短或增加进攻时间，合理利用比赛规则（如限制区 3 秒、后场 8 秒、进攻 24 秒、回场），使对手的进攻节奏遭到破坏，仓皇出手交出球权。

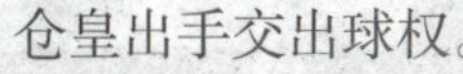

心理上的压迫：气势上压倒对手，具有强烈的攻击性，从而在心理上取得优势。

比赛中，善于观察对手，利用对手的心理定式，分析其注意的方向和集中程度，以声势和行动逼迫其注意力过度集中，使其不能及时发现和了解场上其他队员情况，切断对手相互间的联系。

以极具威胁的个人或集体行动营造出强大声势，给对手施加心理压力，造成对手慌乱急躁，造成其直接失误或传接球不到位，命中率下降。

抢篮板技术

防守篮板球是全队集体努力的结果，所有队员都必须认识到，把进攻队员封堵在身后，挤出有利的抢篮板位置与单纯去抢篮板同样重要。比赛中，每次投篮后，防守队员必须封堵所有进攻队员冲向篮板和球的线路，做到这些并不容易，进攻队员在球出手后要比防守队员容易判断球的大至走向，这需要球

员有着良好的篮板球意识。

❖ 判断落点

投球的落点主要取决于以下三点：投篮时球所在位置与篮板的角度、投篮距离、投篮力度。

投篮时球所在位置与篮板的角度：从两翼投出的球，大约70%会反弹到对侧，底角或低位投出的球，虽然由于篮板的作用，有较小的反弹空间，但反弹点的规律与两翼大致相同。

在正面弧顶投出的球，由于反弹空间大，再加上投篮距离有远近不同，这种球的反弹点是最难判断的。

投篮距离：通常，投篮距离越远，反弹距离越远，投篮队员对球的触摸也会影响反弹距离。

一个高弧度后旋球大多反弹在限制区内，而一个低平球则会向较远处反弹，同时要警觉对手投出“三不沾”球。

投篮力度：出手柔和并且后旋适度的投球，其反弹点会靠近篮筐。

投出的球较用力或者弧线低平，则会反弹较远。

防守者必须分析球的路线和投篮距离远近，决定是直接冲向篮筐还是向左或向右移动去抢球。

❖ 卡位

抢篮板球的卡位要突出一个“卡”字。

第一，用靠近对手一侧的脚做中枢脚转身，把进攻队员卡

在身后。

第二，防守队员右脚在前，左脚在后，侧向进攻队员站立。进攻队员从防守队员的右侧冲抢篮板球时，则防守队员以右脚

为中枢脚，左脚跨步做后转身，把对方挡在身后。

第三，进攻队员从防守队员的左侧冲抢篮板球，防守队员则以左脚做中枢脚，右脚向前跨步前转身把对手挡住。

第四，防守队员面对进攻队员，两脚平行站立防守相距较近时，而进攻队员想从防守队员左侧向篮下冲抢，防守队员就以左脚做中枢脚，做后转身，将进攻队员挡在身后。

第五，进攻队员欲从防守队员的右侧向篮下冲抢，则防守队员应右脚做中枢脚，做后转身，将进攻队员挡在身后，并掌握起跳时机抢篮板球。

❖ 抢篮板球的动作方法

第一，抢篮板时必须遵守垂直起跳的原则，起跳时用力蹬地，摆臂提腰，跳至最高点时用双手或单手抢球。

第二，如难以抢到球可用点拨球的方法在空中将球点传给同伴。

第三，对方的球员上来冲抢篮板或是将球点拨走时，一定要尽可能地将背对着对手，将对手完全顶在身后。

第四，在抢球时，一定要用手将球搂下，迅速收到怀中，避免发生失误。

第五，抢到前场篮板，首先想到的是直接将球补进，当然也可以传球给队友，重新组织一次进攻。抢到后场篮板，在落地时，要尽可能地侧向进攻方向，这样可以看到已经准备发起快攻的队友，及时传球发动快攻。

小贴士

抢球时要注意一点，就是避免无谓的犯规，空中抢球时，凡有打、拉、推或点对方队员手腕等非法动作都是侵人犯规。

第四章

队友战术都重要

你有默契的队友吗

众所周知，篮球运动是一项团队性质的运动，需要与队友拥有足够的默契，一支球队实力的强弱与球队的团队默契程度有着非常密切的关系。随着篮球运动的不断发展，篮球运动员的团队精神在实际比赛中的作用越来越重要，要求也越来越高，并已成为一名优秀篮球运动员所必备的重要条件。篮球作为一项典型的集体运动项目，如在比赛中只依靠一名队员的发挥来赢得比赛，便违背了集体项目的整体性，是难以在比赛中取得好的成绩的。

篮球运动是一项集体性很强的运动项目，对默契配合程度要求很高，在比赛中每一次攻守回合任务的完成，大多数是靠全队或几个人之间的积极配合来实现的。因此，在篮球运动中，与队友的默契程度决定着比赛的结果。那么，如何培养实现与队友的默契程度呢？

❖ 培养团队精神

在竞争激烈的 NBA 赛场，尤其是 2011 年 NBA 总决赛上，巨星云集的迈阿密热火队败给了朴实无华的达拉斯小牛队就是一个典型的例子。整个热火队只是依靠詹姆斯和韦德打球，而其他的队友却未能给予有力的支持，整个球队没有形成一个真正的团体，所以尽管詹姆斯和韦德技术出众，最终也难逃失败的命运。而反观小牛队，整个球队靠的就是全队的团队精神、集体力量，战胜了技术、经验、实力都比自己强大的对手。篮球是一个集体项目，个人多么成功都不算成功，只有集体的成功才是成功。可见，一支球队团队精神的强弱会直接影响到整个球队的战斗力。

由此可知，团队精神无疑是影响一个球队取得好成绩的重要因素。篮球运动除了技战术水平、身体对抗外，球队的团队精神尤其至关重要，这也是影响比赛的重要因素之一。加强对队员团队精神的培养，有利于球队的团结，增强凝聚力，对竞技水平的提高与发展能起到促进作用。因此，培养团队精神能够建立一个非常默契的球队，有利于队友之间形成默契。

团队精神的含义及作用

1. 团队精神的含义

体育的团队精神是指体育团队所有成员理想、信念、价值追求、道德修养、意志品质的整合并在团队整体作风、纪律性、凝聚力和士气等方面的综合体现。

2. 团队精神的作用

当运动员较巩固地形成团队意识后，教练与队员、队员与队员之间就会达到一种融洽的心理状态。彼此之间的信念、观点、目标、价值取向就会趋于一致。队员与队员、队员与教练之间处于和谐合作、共同进步的氛围中，比赛中队员间的战术意图和战术行动相互给予肯定，可使思维和行动更加一致，有利于增强球队的战斗力，提高教学与训练的质量，增强队伍的团结和凝聚力，坚定克服困难的信心，去战胜强大的对手。

团队精神的培养方法

团队精神的形成是一个长期系统的过程，它需要在平时训练、比赛、生活中潜移默化地熏陶才能逐步形成，需要队员与队员之间、队

员与教练之间的磨合，球队的团队精神可通过以下几条途径来培养：

1. 发挥教练的凝聚作用

培养一支球队的团队精神，首先要发挥教练的凝聚作用，这是一个球队能否获得团结与进步的基础，如果一个教练在带队时心不在焉，每天训练或上课时只是一种应付心态，得过且过，根本没把精力放在训练中，更不会有心思去关心队员，这样很难让队员和教练自己感到这是一个整体、一个团队。教练没激情、不想练，那队员就更不想练了，这样会大大影响队员的训练热情。

球队是一个集体，需要教练去组织，把一只手捏成一个拳头。教练是全队凝聚力的关键所在，他对整个队的形成起着不可低估的潜移默化的作用。

众所周知一个球队水平的高低、进步的快慢、作风的好坏，都与教练员有着极其密切的关系，教练从选材到组队，从计划到训练，从比赛到总结，都在不断地调整队员的思想、身体技术、战术、心理等状态。

随时把不同特长和行

为特征的队员在训练中组成一个最佳的有机整体，这些都需要教练员具备良好的文化素质、丰富的训练经验和高度的责任感，从而形成明确的目标管理体系。

所以，要培养球队的团队精神，首先教练要通过感情的凝聚作用，把整个球队拧成一股绳。教练要起到模范的带头作用，不断提高自身的综合素质并对自身经验进行总结；教练应把自己看作对队员负责的管理者而不是支配队员技术的独裁者，这样才能带动球队的积极性和团结性。

2. 发挥队中领袖队员的作用

有了教练或教师的感情投入仅仅是第一步，因为要团结全队上下只有教练个人的努力是不够的，教练的时间和精力是有限的，还需要一两名在球队中有威望、有号召力的队员一起来协助教练管理球队，这样会收到事半功倍的效果。这样的领袖队员通常会被任命为队长，他不一定是全队技术最好的，但他是队中的精神领袖。

领袖队员在平时的训练比赛中起带头作用，敢于拼搏、敢于承担责任，是队员的榜样，也起到承上启下的作用，能更好地传达教练的旨意，在士气较为低落的时候能鼓舞全队。

这样，外有教练的引导，内有领袖队员的协助，培养团队精神就打下了坚实的基础。

3. 提高团队的凝聚力

球队的团队精神是建立在队员、教练和其他管理者之间关系高度融洽之上的，所以，要想形成强有力的团队就必须进行有效的沟通和交流，逐渐形成凝聚力。

这种交流是教练与教练、教练与运动员之间以及队员与队员之间真诚的积极的交流。

教练不仅要在训练中投入一定的情感，而且教练还应该注

意倾听队员的建议，通过积极的沟通，不断提高自身的教学水平，要善于和队员打成一片，帮助队员解决一些实际问题，要当好运动员的学习、生活、娱乐、恋爱参谋，让队员感觉到教练就是自己的良师益友，创造出课上是教练、课下是兄长和知心朋友的和谐气氛。

篮球运动不仅需要队员与教练之间“同欲”，还需要全体成员的“同欲”。主力与替补的矛盾是不少球队普遍存在的一个大问题，协调好主力与替补的关系就显得特别重要。

前中国男篮主教练哈里斯曾经讲过：“作为教练，你就应该让每位队员感到自己是球队不可缺少的一员。”球队不仅需要其他的成员以高超的技术在比赛时起作用，也需要他们在平时训练和日常生活中以自己良好的行为为球队做贡献。因此，无论是叱咤风云的主力还是默默无闻的替补都是球队重要的一员。

4. 培养共同的目标感

个人态度和团队思想的融洽并不是在真空中形成的，必须由于某个原因的驱动而为整个队获得较好的结果而努力。目标是把人们凝聚在一起，以此作为重要基础，对目标形成认同和共识，组成坚强的团队，鼓舞团队成员团结奋进的斗志。

因此，我们除了培养全队上下共同的欲望外，还应培养共同的目标感。

教练应设立一个长期目标，这个大目标又分为几个小目标，每个规定的阶段完成一个小目标，进而慢慢积累到实现大目标，让队员感到在团结的队伍里自己在不断进步，使队员们更有信心和凝聚力。

每个运动员进入运动队时都会有自己的奋斗目标，这是运动员刻苦训练、努力拼搏的内在动力。但仅有个人目标还不能形成团队整体的合力，只有确立起团队发展的总体目标，并且能够将每个成员的个人目标融入团队目标之中，使全队成员对实现目标有共同的义务感、责任感和使命感，才能激励每个运动员为团队荣辱而战。

5. 以集体为中心

一旦队员理解和接受他们在队中的作用，就为其更进一步地将团队精神的概念转化为以团队为中心的思想，这种思想形

成之后，队员就会时刻考虑到自己的队伍，任何战术计划的制订和实施都紧紧围绕着这一中心而展开。

队员在场上投篮、传球、跑动等都与全队的整体作战意图相符，各个部分都充分地体现出“一个中心”的思想意识。教练在平时训练中，应不断培养球员这种“为全队的利益而牺牲自己的意识”，并且将之作为一项每位队员都必须遵守的纪律，要不断向队员的头脑中灌输这种团队精神的意识，使其在关键时刻能够摒弃个人利益，以大局为重。

如作为队中核心的组织后卫，更应该有以集体利益为重的思想，更好地组织队伍，送出更多的助攻，而不应把主要的精力放在自己能得多少分上。

6. 制定一定的规章制度

俗话说:“没有规矩,不成方圆。”要形成一个强有力的团队,必须有一定的规章制度,要严格要求。不然,有些队员想来就来,想走就走，迟到、早退无所谓，这样不但自己学不到什么东西,其懒散的习惯还会影响到其他队员,所以制定一定的规章制度,是管理球队的一条有效途径，使球队更像一个整体。

规章的制定可由球队所有成员商量确定，以便更有说服力。规定无论主力或非主力，一旦触犯，就一视同仁地接受处罚。在篮球比赛中，为使队员更好地体现出集体的作战意识，就要在平时的训练中，将团队精神纳入队员应该遵守的章程当中，使其逐渐形成清晰的、稳固的“团队精神”。

❖ 培养队员战术意识

在篮球运动中，如果队友拥有高质量的战术意识，那么队员之间的默契肯定大大提升。所谓篮球战术意识是指球员在篮球比赛中，根据比赛情况，按照一定的战术原则、目的，正确合理地运用技术和战术的主动、自觉的心理活动。篮球战术意识是球员对篮球运动的基本规律的理解和运用。它的形成是经过较系统的有目的训练而逐步建立起来的。那么，如何培养队友的篮球战术意识呢？

加强战术理论学习

现代篮球运动水平迅速发展，教学和训练已达到高度科学化。篮球比赛不仅是体力的较量，同时也是智力的综合较量。所以，战术理论就显得尤其重要。如果不具备应有的理论知识，要想形成正确的篮球战术意识是十分困难的。因此，篮球运动理论知识的学习，应引起足够的重视。

重视观摩比赛

比赛观察能力是形成篮球意识的前提和基础。所以，要重视队员观察习惯与观察能力的培养。经常组织观摩不同层次的比赛，既能丰富运动员的比赛间接经验，在观摩中积极思考，

又将观摩看作一项实践机会，有意识地进入角色并对场上的情况变化都做出一个假设性的思维反应，然后再同场上队员处理该情况所使用的方法和效果进行比较。

认真钻研技战术内容

在战术训练的整个过程中，一定要突出重点，讲究实效。战术要简单，要求要具体。配合时间要清楚，这样才能以点带面，加速篮球战术意识的形成。现代篮球运动的发展要求学生必须是全面的选手，应当全面掌握篮球技战术的基本内容，这不仅是学生应付复杂多变的比赛所必需的，也是学生形成技战术意识的前提条件。任何战术变化都是以基本技术为基础的，扎实的基本技术可以为战术意识的培养提高提供保障。

加强心理训练

在培养篮球战术意识时，我们往往容易忽视心理训练，没有认识到心理训练的重要性。常会看到一些队员在平时的训练中能够较好地发挥技战术水平，表现出较好的篮球战术意识，可是一到真正的比赛时却一反常态，技术水平大失水准，平时训练中所表现出的篮球战术意识荡然无存。这就是人们常说的

“训练型”队员，这正是平时的心理训练不够所导致的。因此，在篮球战术意识的培养过程当中，应适当加入心理训练内容，以增加运动的心理稳定性，促进其篮球战术意识的形成和高质量的发挥。

加强战术思维训练

战术思维训练是学生解决战术问题时积极的思维活动，是战术意识核心。因为战术思维的作用，是预见事件的进程，预测可能发生的变化并迅速考虑和判断对方的情况，提出自己的战术意图，选择战术的手段等。好的战术水平的基础，在于学生对临场变化情况及时准确地做出判断，有效地进行作战方案的修正和调整，做到以变应变，灵活运用，是战术思维模式的结果。战术思维训练，就是在比赛前组织指定各种针对性的战术训练，不仅要经过战术思维，而且还要在思维中探索、练习，使其巩固，以达到灵活应用的程度。

注意场上无球队员战术意识的培养

篮球比赛中，场上攻守双方10名队员围绕一个球，进行攻守对抗。在某一时刻，进攻方5名队员中1人控球。其他4人处于“无球状态”

下的防守行动中，此时，场上10人有9人处于“无球状态”。因此，整场比赛中绝大部分队员在“无球状态”下的配合行动，队员攻防行动的合理与否，将极大影响战术配合的质量与成效。为此，教练员必须重视加强无球队员的攻守战术训练。针对特定战术，使队员明确战术原则、要求、特点、方法，解决好战术路线的选择、时机的把握及应变能力等问题。引导队员找到篮球战术的规律和特点，发现影响战术配合质量的关键环节。通过训练建立起良好战术意识行动的条件反射，提高战术配合质量。

❖ 培养球员助攻意识

篮球运动是一项集体性默契配合很强的运动项目，在比赛中每一次攻守回合任务的完成，大多数是靠全队或几个人之间的积极配合来实现的。助攻传球是决定篮球比赛胜负的关键因素之一，队友之间的默契大部分是通过助攻来表现的。

助攻的定义

助攻传球通常是在激烈的比赛中，持球队员带有强烈攻击性的传球，即通过某一次传球，使同伴接球后直接达到投篮得分的目的。其中成功运用这

种传球，并且传得及时、合理、准确、巧妙、隐蔽，特别是在严密防守的情况下能合理运用技术恰到好处地传球，是组成配合，保证同伴接球后完成攻击任务的关键，也是全队战术成功的基础。它可以给对方以威胁，提高进攻的机动性，活跃比赛的气氛，创造更好的投篮机会。

提高助攻能力的前提

1. 冷静、平稳的心态

篮球意识就是对球场情况进行迅速分析判断，及时做出合

理处理的能力。传球意识是指当队员在接到每一次球后，善于观察判断攻守双方阵式的变化。

一个助攻队员必须拥有冷静、平稳的心态，在复杂多变的对抗环境里进行观察、判断，精确地捕捉战机，并在传球前进行一系列设想，即对传球的方法、方向、路线、力量、速度、距离、落点以及第一传球机会失去以后，预测第二传球机会出现的时间及落点等，然后当机立断地做出传球动作。

2. 较强的突破攻击能力

作为一个好的篮球助攻传球手，不但具有篮球意识，还要有很强的攻击能力，才能充分发挥传球技术的作用。

如果没有攻击能力，再好的传球技术也得不到发挥。

因此，要求运动员具备全面的技术，能投、能突、能传、能打内线，还要能拉出来打外线，只限于单纯的传球或是单纯的投篮是不行的。

因为传球技术的发挥，必须与其他技术相互结合和转化。

3. 控制球的能力

一个优秀的篮球助攻传球手，必须具备很好的控制球能力，否则在对方死缠不放的情况下，你就会不知所措，盲目地去处理球。因此应该具备娴熟的球性、扎实的基本功，自如地运用各种运球动作，当对方上来防守时，能合理运用各种不同进攻动作，突破对方。

4. 传球能力

一个助攻手不具备多样的传球方法，是很难达到助攻目的的。有了娴熟的运球技术，更主要的还要具备巧妙的传球技术。

在快速进攻当中，并且在严密的情况下，无论处于任何角度、任何位置、任何距离，都能做到合理运用技术恰到好处地传球，这样才能发挥助攻手的应有作用。

具备扎实的基本传球和一些隐蔽性传球方法，将其在比赛中运用合理，才能够使自己在任何情况下，不受防守队员任何行动的束缚，自主地扩大传球攻击面。

保障传球落点，使同伴得球后能顺利地转入攻击，增加战术组织的灵活性和战术效果的稳定性，在比赛中有主动权和攻击力，给防守队员增加更大的压力。

5. 较高的篮球智商

在具备了篮球意识、攻击能力和控制球、支配球能力的基础上，才能自如地观察和判断场上的情况，扩大自己的视野，在传球的一刹那，判断队友的活动意图、移动方向和速度及防

守队员的变化情况等，及时做出传球的方法、力量、方向、速度的决定，只有观察清、判断明，才能胸有成竹，传球及时。

通过观察判断传球的路线，根据防守队员的身高和防守位置，自己和同伴接球队员所成的角度，以及同伴摆脱对手的情况进行判断传球的路线。

传球的落点要根据队友移动的方向、位置、距离和移动速度及身体的灵活性来判断球的落点。

要判断好接球同伴挤位亮身的时间和接球点，必须做到同伴即将亮身球也随即出手。做到球到人到，人球恰好在接球点上相遇，这样才能使队友接球后马上进行攻击。

不仅在进攻中需要队友的助攻配合，在防守中，队友之间也要形成防守默契，补防及时；一支优秀的球队，必然在防守阶段配合默契。在观看比赛时，哪支球队能够形成系统的防守体系，队友之间能够形成防守默契，就能够掌握比赛的主动权，使得对手得分困难，进攻配合战术很难实现。

篮球比赛重要的战术之一——进攻战术

进攻技术是篮球技术体系之一，指运动员在控制球权期间为了投篮得分，组织进攻行动而采用的策略、技巧与行动方法，包括进攻移动、传接球、运球、突破、切入、投篮和抢进攻篮板球等。进攻技术是篮球比赛中极其重要的技术之一，其技术运用的目的十分明确，即无球队员积极移动，寻找接球攻击机会，打乱防守布局；持球队员积极创造时空优势获得出手时机并把握时机出手投篮、力争得分，掌握支配球权的主动。

进攻技术是组成全队进攻战术的基础，直接反映出运动员的进攻能力和全队的战术风格。进攻技术的发展随着篮球运动攻守对立统一的演变而发展，随着防守技术的提高而改进，随着进攻战术的变化而丰富，同时还受到篮球竞赛规则修改完善的制约和促进。

现代篮球运动的发展，使进攻技术有了很大的变化，其主要特征是：进攻的实效性突出，进攻的对抗性激烈，进攻的机动性加强，充分利用每一点时空优势，以最简单直接的方式达到投篮得分的目的，整

体配合与立体配合的趋势更加明显，因而对进攻运动员的进攻意识、进攻能力和进攻技战术素养等提出了更新更高的要求。

❖ 篮球运动进攻战术内容

篮球进攻战术的内容构成有两个层面:一是包含“个人进攻战术行动”和“进攻战术基础配合”等基本内容，是篮球进攻战术系统的基础层面;二是“快攻”“抢攻”“固定配合进攻”“机动配合进攻”等具有特定表现意义的4类战术形式，是篮球进攻战术系统的表现层面。

实际上篮球比赛的具体战术方案都是由相关的战术基础内容构成，即由运动员的“战术意识”与“个人战术行动”利用多种战术基础配合实现的，对应某一战术方案来说，只能说是对某种战术相对有所侧重。

由上可见，我们如把组成进攻战术的各要素“基础层面”内容进行不同的排列、集合，可构成具有专门表现意义和具体指向意义的“表现层面”内容，这些内容就是上面所指出的“快攻”“抢攻”“固定配合进攻”“移动配合进攻”等进攻战术。相互联系在一起就构成了篮球进攻战术系统。

❖ 篮球进攻战术训练步骤

快攻战术

快攻是由防守转入进攻时，趁对方阵脚未稳之前，以最快的速度，在最短的时间内，造成人数上和区位上的进攻优势，果断而合理地进行快速攻击的一类战术。但它的核心内容是“时间、抓住战机、速战速决”，“快”字体现其战术打法的内部属性和战术方法。

1. 发动快攻的时机

当攻方得分后由本方掷后场底线球时；

因本方防守犯规按规则规定由攻方罚球、但攻方罚球不中被守方抢获篮板球时；

比赛的上下半时及加时赛的开局在中圈跳球获球时；

由于守方积极的攻击性防守，造成攻守不平衡使攻方失误

而产生的防守反击型快攻，它包含了如下一些内容：第一，由于攻击性防守的成功而获得的机会，有由于抢断对方的传、接球后出现的快攻机会；攻方投篮失误而被守方抢获后场篮板球时出现的快攻机会；比赛中出现的双方跳球由本方抢获球时出现的快攻机会。第二，因防守造成攻方技术失误所产生的快攻。

2. 发动快攻的方法

第一，实施快攻战术应有预定的进攻模式；

第二，推进要拉开，保持纵深队形向前移动；尽量减少传球次数，不要横传球；

第三，两边队员要突前于有球的中路队员，做到侧身跑动，扩大视野；投篮方式应远、中、近相结合；

第四，要有人跟进冲抢篮板保证两次进攻；

第五，通过相关信息信号约定，让同伴了解你的进攻意图和移动位置路线；

第六，当防守人超过进攻人时则应视其情况随机应变，千万不要勉强快攻；“快攻”不成或遇特殊情况时要有相关的进攻方式衔接。

小贴士

运用快攻战术时，全队必须做到“三快”“一猛”“一稳”。

“三快”指形成快攻队形快、一传快、球的推进快；

“一猛”指全队快攻战术行动的气势凶猛；

“一稳”指稳步掌握攻击节奏；

要讲究细腻的配合方法，以善于应变、多变来保证所用快攻战术的成功率。

抢攻战术

抢攻是介于快攻和阵地进攻战术之间的一种前场速战速决进攻法，是阵地进攻的开始，同时也是快攻阶段和阵地进攻阶段之间相互衔接的一种过渡性进攻战术。抢攻战术的形式和结构多种多样，主要是以阵地进攻的诸多战术形式，特别是以半场进攻的战术形式为主，其战术结构主要是由两人间的进攻配合方法为主。一般来讲，抢攻的攻击时机产生于防守方的退却之中，也就是说抢攻是在对方还未形成有机联系的整体防守时，攻方由于快攻不成迅速转入在前场实施巧妙的新一轮压迫式进攻战术。

1. 发动抢攻的时机

守方还未全部退回后场，但已经从人数上与攻方人数相等，但仍处于对位欠佳的防守状态时；

守方已大部或全部退回后场，但立足未稳、退而未防，防未到位，处于集体防守力量还没能显现出来之时；

守方已全部退回后场，但局部落位、换位还未成功，使局部区域的防守仍处于绝对劣势（身高劣势、防守技术劣势等）之时；

攻方参与抢攻的队员有娴熟的内外攻击能力（包括技术能力和两三人的基础配合能力）、并能确保进攻篮板球之时。

2. 发动抢攻战术的方法

第一，必须克服实施抢攻战术容易出现的盲目、冒险这两个易犯错误；

第二，抢攻必须以快攻做基础，以娴熟和随机的前场阵地配合战术为后续的安全保证，以便抢攻不成能迅速退而求之于另外的进攻战术方法；

第三，抢攻这类战术的各种战术形式要求参与者既要沉着冷静，又要灵活巧妙捕捉战机，还要善于应变，并有快速准确的突停投篮、突然的投变传、突然的传变投等综合技术能力。

固定配合进攻战术

固定配合进攻战术是篮球进攻战术体系中涉及内容最多、方法最为广泛的一类战术，它以各种进攻战术基

础配合为基础，是由全体进攻队员共同参与的有组织、有计划、有预谋、有步骤、针对性极强的进攻战术配合方法。

从理论上看，固定配合进攻战术是针对性极强的有组织、有计划、有预谋（经过预先设计训练后再实施的）、有步骤的进攻战术配合法，它们的配合方式都是以各种进攻基础配合作为某一战术打法基础的。

从实践中看，利用固定配合进攻战术进攻 1—3—1 区域联防时可用居中策应进攻或双中锋强攻篮下等具体配合方法。

同样用固定配合进攻战术进攻人盯人防守时也可以运用居中策应进攻和双中锋强攻篮下等具体配合方法。只是说在具体的配合过程中它们有各自不同的方法，但万变没有离开同宗同类，所以说它们实际上都是固定配合进攻战术的一部分。

1. 运用固定配合进攻战术的前提

第一，是以两三人的进攻基础配合作为战术基础的；

第二，参与战术配合的人员可多可少（可全队、可 1 ～ 2 人）；

第三，战术配合的路线、方位、切入（或插进）的先后次

序都是事先预设的，实际运用中只做微调。

2. 固定配合进攻战术的方法

固定配合进攻战术的基本形式实际上是中锋—后卫、中锋—前锋、前锋—前锋、中锋—中锋、前锋—后卫、后卫—后卫间，两三人的进攻战术配合。

战术方法有如下三种：

第一，掷界外球（包括前场与后场）的固定配合进攻战术方法；

第二，抢获篮板球（包括前后场篮板）、跳球（包括前后场跳球）、抢断球（包括前后场抢断）后的固定配合进攻战术方法；

第三，突破具备相对固定防守阵型的各类防守战术（如盯人、联防、区域紧逼夹击、混合防守等）的固定配合进攻战术方法。

移动配合进攻战术

篮球比赛中，进攻队以各种娴熟的进攻战术基础配合为基础，由全体队员共同参与并组织实施的，在移动过程中进行机动灵活的战术配合方法。它是在连续

移动的过程中不间断运用各种进攻战术基础配合，形成多机会、多方向、多区域、多路线、多点都能获得最佳、最有利于投篮的进攻战术打法。

1. 运用移动配合进攻战术的前提

由于移动配合进攻战术具有其他进攻战术所不具备的超前性、先进性，同时又有能攻破各类防守战术的兼容性。任何一支球队在运用该战术前，要根据本队的战术需要和技术实力，在运用移动配合进攻时，要做以下几方面考虑：

第一，移动配合进攻战术需要有一个基本的战术阵形，便于战术的发动与实施，让参与战术行动的人尽快进入战术角色；

第二，移动配合进攻战术应根据本队内外线攻击力量的具体情况来设定本队战术的活动范围，若内线攻击力量强则拉开活动范围便于内线发挥，若外线攻击力量强则压缩防区创造外线投篮得分的机会；

第三，移动配合进攻战术的目的是把全队分散的攻击力量组织起来，使队员在比赛中思想统一，行动协调，攻击目标明确且表现出有组织的集体行动力量。

小贴士

移动配合进攻战术要将抢篮板球计划在内，做到攻守平衡。

2. 移动配合进攻战术的方法

移动配合进攻战术的基本配合形式实际上就是“中锋与后

卫”“中锋与前锋”“前锋与前锋”“中锋与中锋”“前锋与后卫”“后卫与后卫”之间若干的两三人的“掩护、策应、传切、突分、换位”等。

A. 形成半场阵地进攻时，由（4）控制球。由（4）发出信号叫（8）走，有机会传给（8），如果不能传球，（8）到（7）的侧面，形成屏障；（4）传球给（5），假动作摆脱防守侧身切入篮下，如果无机会接到球，到（7）、（8）双屏障处停下。（6）向上移动，（5）传球给（6）投三分或假动作给（6），而马上传球给上提一步的（4），（4）利用双屏障跳投。如果没有机会，（4）略向外拉，形成 B。（战术：空切、一传一切、定位掩护）

B.（5）传给（6），（6）传给外拉的（4），然后（6）给（5）做掩护，（5）准备接（4）的传球投篮，（7）慢（5）半拍起动，侧身要球，也可以接球进攻，（4）向上拉，（5）外拉，（4）再

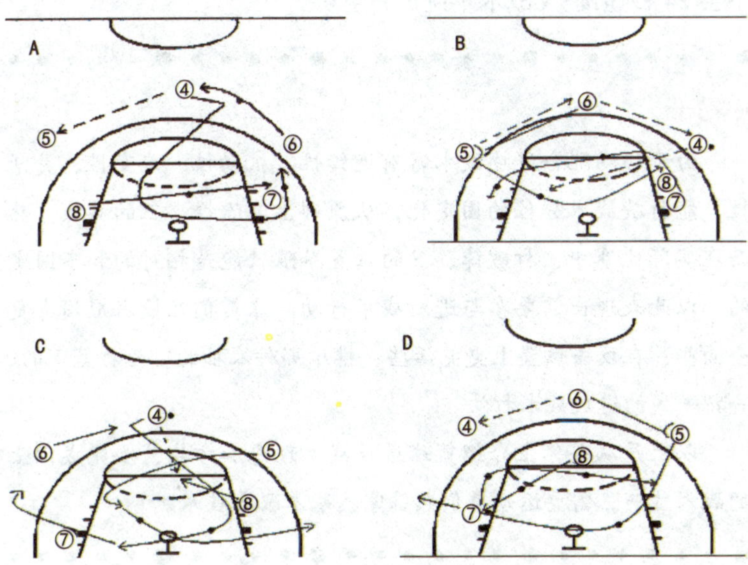

次控制球，形成两前锋、两中锋交换站位。无机会进攻形成 C。（战术：掩护、空切）

C. 中锋（8）上提至罚球线附近接（4）的球，（4）、（5）或（4）、（6）在中锋前面相差半拍进行交叉掩护。（此时至少有一名防守球员被摆脱）准备接（8）的传球进攻。如果机会不好，在篮下再交叉一次，（6）上提接（8）的传球，形成 D。（战术：策应、一传一切、交叉掩护、空切）

D.（8）传球以后，向（7）侧移动，形成双屏障，（7）绕切。或者（8）、（6）再传球给（4），（6）掩护（5）切入篮下准备进攻。这时全部队员形成初始时的站位。可以把整个战术再打一次，或反方向打一次。只要多加练习，队员配合默契，整个过程会有多次进攻机会，根本不可能再反方向打一次。即使打两次也

不会24秒违例。（战术：掩护、空切）

小贴士

由于移动配合进攻战术富有连续性、机动性、应变性、灵活性，能打破战术分位的固定化，从原则上消除锋、卫的界线。然而在实际比赛中，打破锋、卫的位置界限只能是相对的和不固定的，以此表现出需要参与进攻战术行动的球员们在技术应用上更全面些、在攻击位置上更灵活些，排斥那种笨拙的、死打篮下的、一招一式的进攻战术打法。

以上是从整体上介绍篮球进攻战术理念和方法，要完成以上的战术技巧，需要运动员们熟练掌握基本配合技术。

❖ 基本配合技术

篮球战术基础配合主要是指两三人之间有目的、有组织的协同作战的配合方法。进攻战术配合是进攻队员之间为创造攻击机会，合理运用技术而组成的合作方法。大体上进攻战术基础配合可以分为传切、突分、掩护、策应配合。

在进攻战术中，为了发挥进攻基础配合的各自功效，使整体效益最大化，基础配合在比赛中的运用更加有条理，固定的组合形式使局部的配合更加稳定和有效。在很多球队的全队战术中，通过合理的移动总是能够构建合理的战术落位布局，从而应用相应的配合组合。在NBA中，有很多比较经典的组合实例，如原太阳队的纳什与小斯的挡拆组合，原公牛队和原湖人队的三角进攻战术中的策应与掩护组合等。

传切配合

传切配合是进攻队员之间利用传球和切入技术所组成的简单配合。包括一传一切和空切两种，是一种最简单易行的进攻方法，一般在对方采用扩大人盯人防守战术或区域联防时运用；队员传球后，其他队员空切接球进攻。

传切配合的准备：

进行传与切的队员要人到球到，因此，空切队员要根据球的方向掌握好时机，突然摆脱，并卡位挡人准备接球，传球队员要吸引自己的防守者，根据空切队员的速度和方向，做到传球及时到位。

传切配合的方法：

第一，徒手与结合传接球的跑路线练习；

第二，二、三人的传切配合练习；

第三，多球传切配合练习；

第四，攻守转换的传切配合练习；

第五，加固定防守的传切配合练习。

小贴士

第一，进攻选位距离近，进攻配合的范围小，配合难以成功，应反复理解，示范传切配合的位置要求，规定进攻位置，明确进攻队形和配合方法。

第二，假动作的运用不逼真，真假变化慢，在练习中对合理运用假动作提出要求和给以方法上的指导，可采用模仿性的练习，并抓住重点、难点反复练习，帮助提高运用假动作的能力。

第三，切入跑动时不选捷径，跑动中不侧身，不看球。采用划出切入跑动路线的方法,并给以“看球”信号的刺激和条件限制，逐渐改进动作，提高切入技术。

第四，配合队员传球准确性、隐蔽性差。加强练习各种传球技术，增加传球的多变性，并在配合中对传球提出明确的要求和给予方法上的指导、示范，如指出传球时机、位置、方式。

突分配合

突分配合是持球队员运球突破对手后，遇到对方补防或关门时，及时将球传给进攻时机最好的同伴进行攻击的一种配合方法。当对方采用人盯人防守或区域联防时采用，可打乱对方的整体防守部署，压缩防区，给同伴创造最佳的外围投篮或篮下进攻机会。

配合方法有两种：一是运用突破压缩对方守区，传球给外围队员投篮；二是突破后传球给空插队员或中锋投篮。

小贴士

在突破过程中首先要做好投篮的准备，又要随时观察场上攻守队员的位置和行动，以便及时、准确地传球，突破动作要突然、快速。

其他进攻队员要掌握时机及时跑到有利的进攻位置上接球。

掩护配合

掩护配合是掩护队员采用合理的行动，用自己的身体挡住同伴防守者的移动路线，使同伴借以摆脱防守，或利用同伴的身体和位置使自己摆脱防守的一种配合方法。掩护配合是比赛中应用最多，也最为有效的战术。

方法：

掩护配合主要采用掩护者主动给同伴做掩护或摆脱者主动移动，利用同伴的身体位置将对手挡住。掩护配合是攻破紧逼人盯人防守最为有效的方法之一。

我们在观看比赛时，经常看到队员之间的掩护，特别是在防守越来越严密、防守的攻击性较强的现代篮球中，队员的个人摆脱在一定程度上受到了限制，则掩护配合就成了摆脱防守

的有效形式，进攻战术中掩护运用较多。相对于现代的防守体系，单一的掩护有时也很难奏效，进攻方往往要利用有组织的连续掩护的方式进行摆脱攻击，主要形式有四种。

第一，两名进攻队员依次为一名进攻队员做两次掩护。主要为使无球队员很好地摆脱进入接应区域接球，摆脱队员一般为有较强攻击能力而对方紧紧跟防的核心队员，如热火队的雷阿伦等接球后就能出手得分的队员，这些人的移动往往会被对手盯得很严，这时就要运用连续掩护。

第二，一名进攻队员在借同伴的掩护摆脱后，为有球同伴做掩护使其摆脱。一般为有球侧的内线队员向弱侧（无球侧）移动进行掩护使同伴摆脱，同时拉空内线，摆脱队员为有球队员做掩护进行攻击。

第三，无球队员为有球队员做掩护使有球队员摆脱后转身切入，借同伴的掩护摆脱接同伴的传球攻击。一般为外线的无球队员为有球队员做掩护使有球队员摆脱后转身切入，强侧（有球侧）内线队员为切入的队员掩护使其摆脱，主体战术思想表现为内线的掩护具有拉空内线的作用，为有球攻击及无球的空切创造出更大的攻击空间。

第四，一名无球进攻队员为另一名进攻同伴连续做两次掩护。通常为外线的两名队员，一名队员为另一名同伴（通常为有球队员）掩护后转身面向同伴，再一次为运球折回的同伴做掩护。

策应配合

策应配合是进攻队员背对或侧对球篮接球，与同伴空切或绕切相结合，借以摆脱防守，创造各种里应外合进攻机会的一种配合方法。

这种配合在实战中运用较多且有效，策应配合中的选位可以是高位策应，或是中、低位策应。

方法：

高位策应：由于内线

较空，切入队员切入内线接球的可能性较大，且攻击区域广。

策应队员大多由中、低策应位上提到罚球线附近区域接球，一是通过移动会比原地抢位更容易接球。另外，移动的同时会使内线拉空，给切入队员更大的接球直接攻击的空间，这种形式多用于无强力中锋的队。

传球队员传球后，贴近策应队员接回传球进行进攻，因策应队员背对篮或侧对篮的持球方式更加有利于保护球，这种组合更加适合从外线远投且无强力内线的球队，如韩国队多采用此组合，外线传球给外策应队员后快速移动接球远投。

中、低位策应：切入队员切入准备接策应队员的球进攻，但此种组合的作用又区别于上一种，它可以转化为单兵作战，这是此组合空间特征变化的典型运用。

特别是奥尼尔、姚明等，在这种配合组合中，策应队员除可以将球传给切入的队员外，另一战术思维是随着切入队员的切入，牵制其防守队员远离策应队员的攻击区域，策应队员可以通过外线牵制拉空，选择一对一的内线攻击，从而更好地发挥单兵优势。

其他的配合战术

1. 三角进攻

三角进攻主要表现在以下几方面：一是，传球队员传球后切入接球，如果不能接球攻击，则顺势为同伴做掩护，使同伴摆脱接球攻击；二是，有球队员传球后，借助同伴的掩护摆脱切入接球进攻。站位布局多为三角形（一前锋、一内线、一后卫）的内外结合阵形，整体组合形式为外线队员传球后，内线队员给传球队员做掩护使其切入近篮区接球进攻。

运动活动理论认为：动作是构成活动的基本要素，技术是构成战术行动的基本要素，而动作和行动是构成比赛活动的基本要素，因此得出，没有队员的技术也就没有三角进攻的技战术。篮球基本技术是三角进攻战术的基础，队员之间有目的、有意识地在球场一定的区域、条件和时机运用技术构成战术。因此队员的技术越全面、越熟练、越准确以及实用性越强，战术的实现才越有保障。在三角进攻战术中，多次的球的传递，

队员之间的相互掩护，队员自身的运球、突破、分球以及投篮技术与三角进攻战术并存于篮球比赛中，他们同三角进攻战术紧密相连。

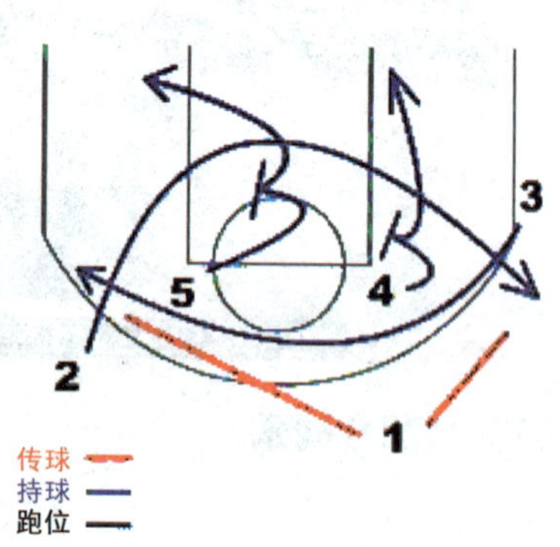

在三角进攻中，基本战术阵势为1—2—2，从它的基本阵势中我们可以看到，在每场比赛的进攻中，每名队员之间都有着固定的间距来限制他们的跑动，尽管移动，但是也始终保持着15～20英尺的距离。由控球后卫（1）将球传给小前锋（3）然后从里侧切入到底角。也可以由控球后卫（1）将球传给小前锋（3）然后从外侧切入到底角。三角进攻同样允许后卫占据低位。那样又有几种不同的方式组成进攻三角。例如，控球后卫将球传给小前锋，然后中锋（5）拉出到底角，让攻击后卫移动到低位。还有一种选择可以通过运球获得进攻三角，就像下图控球后卫运球到小前锋的位置，而小前锋移动到底角，这样他们就和中锋组成了一个进攻三角。

湖人队的三角战术、国王队的普林斯顿进攻都是由挡拆战术衍生而来，这是众所周知的。而三角战术在1995年出版的《公牛王朝》一书里界定为：

第一，持球员必须用切入、传球、投篮等三种威胁来突破防守。

第二，攻势必须涵盖整个半场。

第三，进攻要有空间原则。

第四，攻势应确定球员与球是同一目标（寻求空当或攻篮）迈进。

第五，每次投篮，其他球员应有进攻篮板、预防快攻的妥善布阵。

第六，每次传导球的准备攻击，都会制造防守方无法兼顾的空当。

第七，攻势应针对球员特性来设计。

三角战术的理论，并不是掩护走位（挡拆）而已，空间原则、单打能力、传球观念与技巧、空手走位能力、空手和空手掩护后走位能力与观念等等，才是三角战术的要意。

2. 挡拆

挡拆主要表现为无球队员为有球队员掩护，使有球队员突破，然后分球给掩护后转身切入的队员进行攻击。主要的落位布局为外线队员之间的配合或外线与内线之间的配合。

如图所见：（5）传球给（4），（4）运球向篮下压迫。这时候（7）上来给有球队员（4）做挡，挡住防守队员（8）的防守，使（4）能够顺利摆脱（8）的防守向篮下进攻。这时候，如果防守队员（8）和（9）不换防，那么（4）直接运球上篮结束战斗；如

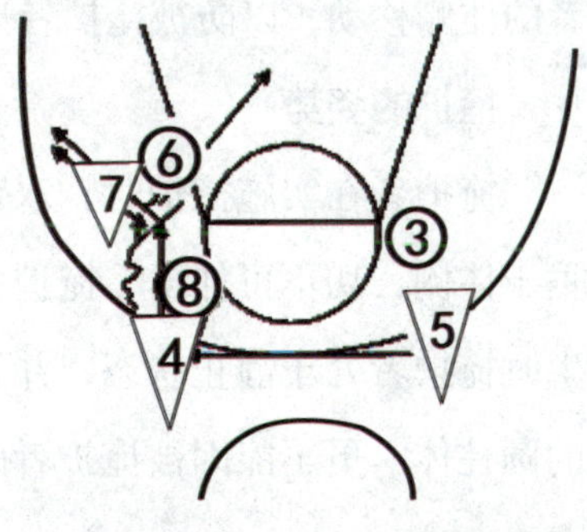

果防守队员（8）和（9）换防，那么这时候（7）在掩护（4）成功后迅速后转身对（4）完成拆，向（4）要球，拿球后上篮结束战斗。

挡拆的重点和难点是掩护者的站位、掩护时掩护者的姿势、同伴的移动路线和时机把握、掩护后的跟进动作四方面。

掩护者的站位

当场上形势适合进行掩护配合时，掩护者应估计到被掩护者的移动方向，并根据被掩护者的状态判定自己是否处于他的视野之内。若在视野之内，则要尽量靠近对方；若在视野之外，则要给被掩护者留出正常一步的距离。掩护者迅速突然移动到被掩护者的移动路线上，躯干正对被掩护者，双脚落地，姿势正确。这时，掩护者同伴的配合非常重要，同伴必须紧贴掩护者的体侧移动，以防被掩护者挤过。

掩护的姿势

掩护者在实施掩护时，双臂要屈起，贴靠在胸前或自然下垂于体侧，切不可伸出；掩护中若有身体接触，则要求接触发生时掩护者处于静止状态，并且身体任一部位都不能超过自己的圆柱体，更不能因被掩护者的变向而变向时，在移动中与被掩护者发生身体接触。

同伴的配合

同伴的配合可以概括为两点：等和切。“等”指的是当同伴发现队友掩护时应利用运球、瞄篮、反跑或摆脱等动作吸引防守者，等同伴到达掩护位置，以防掩护犯规。“切”指同伴在发现掩护者准备就绪后，因迅速紧贴掩护者体侧移动，要求肩对肩，髋对髋，使掩护者将自己的防守者挡住，绝对不能在自己与掩护者之间留有空隙，而使被掩护者挤过。

掩护后的跟进动作

挡拆指的就是“挡”和“挡”完之后的“拆”。“拆”好了就形成了面对空篮或二打一，“拆”不好就前功尽弃，所以掩护后的跟进动作非常重要。在同伴经过体侧的瞬间，掩护者完成掩护任务后，迅速视场上情况做出反应：当篮下无防守者时，应以近篮侧的脚为轴后转身，将被掩护者挡在身后，直接面对空篮或与同伴二打一；当篮下有防守者或被掩护者已成功地反掩护，以近篮侧的脚为轴后转身已无意义时，应以远篮侧的脚为轴后转身，迅速外拉，甩开被掩护者接球中投或重新组织进攻。

“挡拆”所需要的方法：

第一，队友之间的默契配合是很重要的。包含以下两方面：一是有球队员要主动寻找可以给自己做挡拆的队友；二是无球队员要积极、及时地做出挡拆掩护。

第二，只有具备比较扎实的基本功才能及时抓住时机，才

能在成功通过防守后根据不同的情况做出正确的动作（上篮还是传球）。

第三，要注重挡的方式，队友在为有球队员做挡拆掩护时，首先是要明确给队友做哪个方向的挡拆，并且要及时有效地控制防守队员的运动方向。同时要注意动作的合法性：在形成挡拆前的一刹那，做挡掩护的队友必须是静止不动的，动作幅度和身体的姿势要合理。

小贴士

在移动中，无球队友做掩护时过分夸张或野蛮的动作容易造成防守队员受伤，都将被视为非法掩护而判犯规。

合理运用身体对抗创造空间差

身体对抗创造空间差是指球员利用自身在身体上某些方面的优势创造和抢占有利空间完成进攻。身体对抗是进攻中创造空间差的重要手段。中锋在内线进攻时，经常运用身体对抗创造空间差。中锋位置处于防守的重要地带，由于位置上的特殊性，中锋为拿到球和拿球后的进攻都是在激烈的身体对抗上完成的。

合理运用个人基本技术创造空间差

个人基本技术创造空间差是指在比赛中合理运用运球技术、投篮技术、移动技术和持球突破技术来创造时间、距离和位置上的空间差异。

运用假动作创造空间差

运用假动作创造空间差是指攻守队员，为隐蔽自己真实意图，用变化速度、方向、位置、姿势及虚晃闪躲等动作迷惑或欺骗对方，使之受骗上当，失去身体平衡，突然快速改变原有动作来造成与防守队员之间的时间、距离和位置上的空间差异，从而实现预期的进攻目的的行动，准确掌握现代篮球技术、战术的特点，才能在篮球比赛中合理成功地用假动作来创造空间差得分。

运用战术基础配合创造空间差

战术基础配合创造空间差是指两三名进攻队员，为创造与防守队员在时间、距离和位置上的差异并获得进攻空间所合理运用技术而组成的合作方法。

篮球比赛重要的战术之二——防守战术

防守战术是篮球战术体系之一，指全队为了获得控制球权或破坏对方进攻战术运用的技术方式、配合行动和集体协调组织形式与方法。由个人防守行动、防守基础战术配合、快攻防守、人盯人防守和区域防守等组成。防守战术建立在防守技术和防守基础战术配合的基础之上，其目的是充分发挥个人防守特长，熟练运用防守基本战术配合，使全队形成有机联系的整体，以便在攻守对抗中争取主动，获得球权。随着篮球运动的发展，防守战术发生了很大的变化，其主要特征是：对控制球队员的防守压力加强，防守区域扩大，综合防守战术变化频繁，攻守转换的节奏加快。

❖ 个人防守战术

个人防守战术是全队防守战术的基本组成部分，是指防守队员在比赛中针对进攻队员特点和本队防守战术的需要，为扼制对方进攻、争夺控制球权，以意识为先导，观察判断为前提所采用的防守策略、行动与方法。它是运动员智慧、身体、技术、战术素质和临场经验在防守中综合运用的集中表现。包括确定防守策略、选择防守位置、运用防守技巧、采取应变手段以及与队友协同配合等几个环节。个人防守行动的效果直接关系到全队防守的成败。

众所周知，个人防守是全队防守的基础，因此，教练员不仅有责任让队员领悟现代篮球防守的理念，并且还要使队员掌握个人防守技术和配合方法。

个人防守技术主要包括四个环节：对持球队员的防守；对运球或突破队员的防守；对传、接球队员（无球队员）的防守；对投篮队员的防守。以上可高度概括为："一点和三线"的防守。一点，就是持球队员手上的球这一点。三线，一线就是指控球队员手上的球到地面这条线，二线是指控球队员手上的球到同伴这条线，三线是指控球队员手上的球到篮圈这条线。

对持球队员的防守

当面对持球队员时，防守队员要冷静分析其所处的状况：

第一，当持球队员处于死球状态下时（运球或突破结束后和接球自己拍球后）要快速靠近防守，避免犯规。靠近的目的有二：一是通过围防使其5秒违例，抢、打掉其手上的球；二是逼迫或诱骗其向有埋伏的区域传球，其他防守同伴可以轻易断球上篮。

第二，对缺乏保护球的控球队员的防守（接球后或抢得篮板后），也可采用快速上前，利用手上的快速击打动作，打掉其手上的球。这个技术在篮球规则上是允许的，因为，即使碰到一点手也被视作“球手一体”，不是犯规动作。

对运球或突破队员的防守

防运突是指防守进攻队员的运球和持球突破。防运球的主要任务是伺机打掉对手控制的球或改变其运球方向，尽量不让他向篮下运球。

第一，防守队员要积极超前追防，并在移动中降低重心，侧对或面对运球者，保持身体平衡。要抢在运球者的前面半步到一步距离进行阻堵，迫使其向边线、场角或双方队员比较拥挤的地方运球。在防运球过程中应遵循两条原则：一是堵中防边，控制其速度，终止其运球；二是堵强手，迫使其换弱手运球，变被动为主动。

第二，在防守的过程中，要寻机掏打对手控制的球，具体掏打的目标有两点：一是打运球队员反弹到手上这点的球，二是打运球队员反弹到地面这点的球。

第三，防突破主要指防守进攻队员的持球突破。此时，选位对于防守队员很重要，要观察、判断进攻队员接球的具体位置和角度，观察来球的方向以及同伴防守位置的情况，要堵强手，放弱手，放一边，保一边，迫使对方变换突破步法，改变方向，降低起动速度，以便于自己及时抢位置，利用各种篮球脚步，使其无法穿过。

第四，当进攻队员接球后采取“三威胁”姿势企图突破时，要根据对手的习惯和技术特点，判断其中枢脚和可能的突破方向，不要受其假动作的欺骗，要采取相应的对策。

小贴士

关键在防好对手突破的第一步，要抢前后撤在对手的侧前方，要快而凶悍。

当对手跨出第二步时，要迅速用力蹬地，利用滑步紧贴对手，使其不易加速度，阻止其起跳并伺机打球。

对无球队员的防守

在严密防守控球队员的突破或投篮的同时，也要有意识地设法切断他与同伴的联系，要预见对手的传球意图，在人数和位置占优的情况下，应用手臂主动拦截对手的传球。其他防守队员应积极跑位，抢占人球兼顾的有利位置，切断其接球路线。

第一，防守无球队员的首要任务就是防其在攻击区内接球，必须在对手接球前就开始防守。要有预测性并积极采取行动去限制或减少对手接球，特别是在有效攻击区内接球。

第二，要始终保持对手和球在自己的视线范围之内，要做到人球兼顾，保持良好的防守姿势，屈膝降低身体重心，以便应变起动，要特别注意起动与移动步伐的衔接和平衡的控制。同时伸出同侧手臂挡在传向自己对手的来球路线上，另一手臂要伸向对手可能切入的方向，在常规情况下，防接球时，丝毫不能放松对其摆脱或切入的警惕。

第三，防切入是指对进攻队员企图切入或已摆脱切入的防守。一旦对手有所行动，必须采取平步堵截、凶狠顶挤、抢前等防守方法，使其不能及时起动或降低速度。如果对手向迎球方向切入，则主动堵前防守，背对球方向则防其后，目的都是切断对手接球路线。

对投篮队员的防守

防投篮的根本目的就是切断对手与篮圈的联系，不让对手得分。因此，做到球到人到是防守队员在对手接球后的首要任务。

第一，采用斜步防守贴近对手（一臂距离，能伸手打到球），并举臂挥动，干扰进攻队员投篮的意图，迫使其改变动作，同时又

要用另一臂伸向侧方，防对手运球突破或传球。

第二，要准确判断对手是否真正要投篮，识别其真假动作，及时起跳伸直手臂进行干扰，封堵其出手角度，改变投篮的飞行弧线，降低其投篮命中率。

第三，在进攻队员起跳前不应抬高自己的身体重心或轻易起跳离地。防投篮的关键在于对手投篮球出手瞬间手臂要及时地干扰和封盖，切断对手与篮圈的联系。手臂的伸直与角度，能起到破坏对手预定投篮路线的作用。

小贴士

防守投篮手时要有顽强的意志和主动攻击的精神；要掌握对手的投篮规律，了解对方，有预见性；要有谋略，用假动作迷惑对手，变被动为主动；要防住重点，抓住对手特点，避实就虚。在投篮者附近的防守队员要有意识地主动上前协防、补防，帮助同伴完成其防守任务。

❖ 防守基础战术配合

防守基础配合是运动员合理运用防守技术，展现运动员综合防守能力，通过与队友默契的防守配合，达到限制对手得分的目的。防守基础配合要求运动员及时察觉判断对手的进攻意图，合理运用防守的策略与技巧，准确选择防守配合形式与方法。防守基础配合战术运用的效果，直接反映全队防守战术的质量。只有在熟练掌握和灵活运用各种防守基础配合的前提下，

才能取得比赛的主动权，控制比赛的节奏，取得比赛的胜利。

随着现代篮球的发展，防守技术和防守战术发生了巨大的变化，防守攻击性增强，防守范围扩大，防守控制能力提高，无一不是以防守基础配合为基础。防守基础配合已经成为影响比赛结果的重要因素。

挤过配合

挤过配合是篮球防守基础配合之一，指对方队员进行掩护的时候，防守者在对方掩护者贴近自己的瞬间，从自己的对手和掩护者之间强行“挤过”，从而继续防守自己对手的方法。

第一，如下页左图所示，（4）传球给（5）后，去给（6）掩护，（4）要及时提醒（6），（6）在掩护队员接近自己时，迅速向前跨一步，靠近（6），并从（6）与（4）之间侧身挤过，继续防住（6），此时，（4）应向后撤一步，以备补防。

第二，如下页右图所示，（5）接（6）的传球后，向（4）的方向运球，（4）上来掩护，当（4）接近自己的一刹那，（5）迅速向前跨出一步靠近（5），并从（5）与（4）之间侧身挤过，继续防守，（4）及时后撤一步，以备补防。

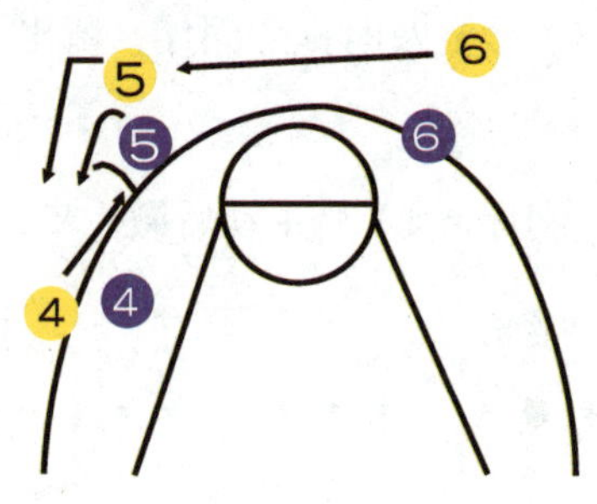

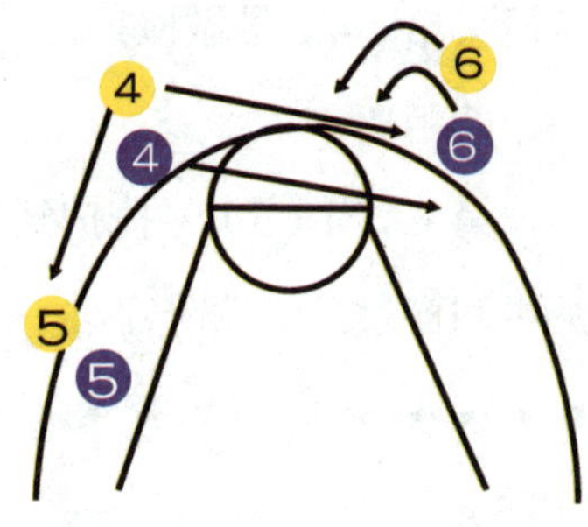

小贴士

要求有掩护时，防守的同伴要及时提醒，以便于防守队友选好防守位置，密切注意进攻者的行动，以利于协防和补防。挤过队员应贴近进攻者，抢步动作要及时、突然、有力。

穿过配合

穿过配合也是篮球防守基础配合之一。是防守队员从自己的同伴与进攻队员之间穿过去，继续防守自己的防守对手的配合方法，迅速调整自己的移动路线，采用快速灵活的防守移动步伐，继续有效地防守对手。而防守对方掩护者的同伴防守队员之间的配合默契，是穿过配合运用成功的关键。穿过配合是破坏掩护配合的积极有效的方法之一。

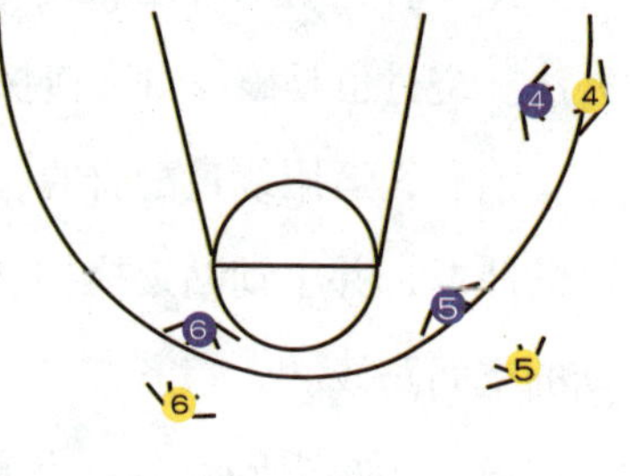

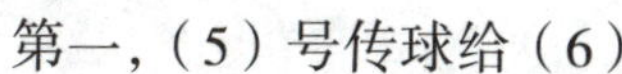

第一，（5）号传球给（6）

号后去给（4）号做掩护，并且（5）号要及时提醒同伴，留出一定的距离。

第二，当（5）号掩护到位前一刹那，（4）号主动后撤一步，从中间穿过，继续防守对手。

小贴士

防守掩护的队员要及时提醒同伴并主动让路，穿过队员要迅速穿过，并立即调整防守位置的距离。

绕过配合

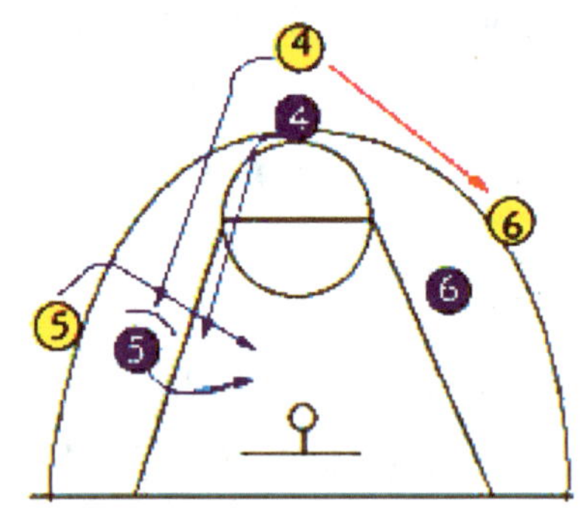

绕过配合是篮球防守基础配合之一，指对方队员进行掩护配合时，防守者在对方掩护者抢占有利位置而防守掩护者的队友紧贴对手的情况下，选择从自己队友和对方掩护者身后的移动路线与方法，继续防守自己对手的配合办法。绕过也是破坏对方掩护配合的防守方法之一。

第一，运用绕过配合时，防守掩护者的同伴要及时提醒自己的队友，并主动贴近掩护者发出配合信号，留出便于队友移动的空间路线。

第二，如图所示，（4）传球给（6）后，去给（5）掩护，（5）

切入，（5）发现不便于挤过或穿过时，从（4）身后绕过，（4）要配合默契，主动贴近自己的对手，以便同伴顺利通过。

小贴士

绕过配合的关键在于防守队友之间的配合默契程度。

交换配合

交换是破坏掩护配合的一种方法。进攻队员利用掩护已经摆脱防守时，防掩护的队员及时发出换防的信号，与同伴互换各自的对手。在适当时候再换防原来的对手。

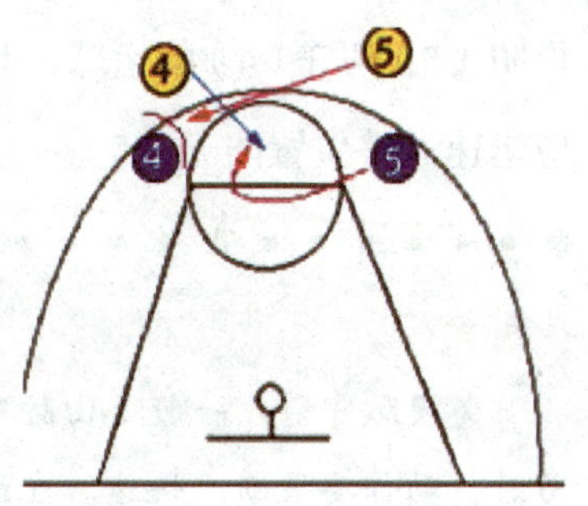

如图所示，（5）去给（4）掩护，（5）要提示同伴，（4）被挡住时，（5）主动呼唤同伴换防，（5）防守（4）的运球，（4）应迅速调整位置防守（5）。

小贴士

交换防守前，一般是由防守掩护者的队员主动提示同伴，换防时，动作要果断、快速。在适当的时候再换回来，防守各自原来的对手，以免在个人力量对比上失利。

关门配合

关门配合是篮球基本防守配合之一。是指对方运球队员运球突破时，防守者运用快速后撤滑步与邻近协防队员及时靠拢、协同阻止对方突破，以达到造成对方撞人犯规、失误或者迫使对手停球或传球的配合方法。是破坏掩护配合的一种方法。

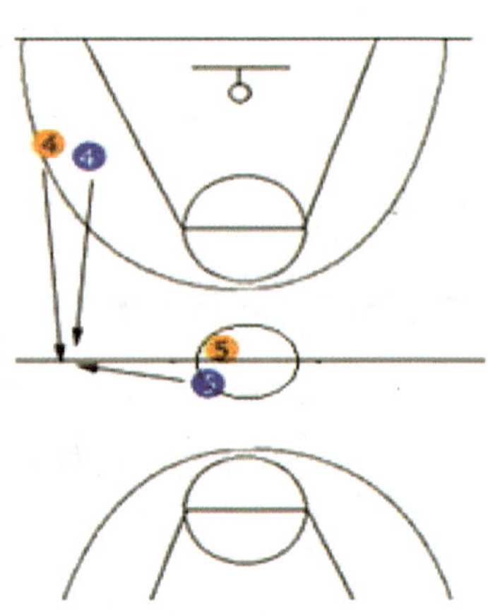

如图所示，（5）去给（4）掩护，（5）要提示同伴，（4）被挡住时，（5）主动呼唤同伴换防，（5）防守（4）的运球，（4）应迅速调整位置防守（5）。

小贴士

交换防守前，一般是由防守掩护者的队员主动提示同伴，换防时，动作要果断、快速。在适当的时候再换回来，防守各自原来的对手，以免在个人力量对比上失利。

夹击配合

夹击配合是篮球防守基本配合之一，是指持球队员运球中和运球结束停球时，邻近两名防守者运用快速上前夹持球队员、封堵对方传球路线，以达到造成对方运球失误、违例或仓促传球便于抢断的一种配合方法。是两个防守队员防守一个进攻队员的一种配合方法。

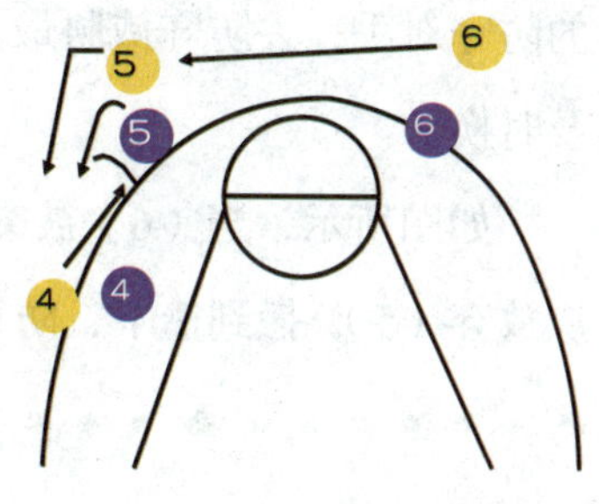

第一，如图所示，对方（4）在后场掷界外球，（4）放弃对（4）的防守，协同（5）夹击（5）。（4）面对（5），积极封阻他从正面接球，（5）在（5）的身后控制其快下的路线，并准备截断（4）的高吊球。（4）和（5）协同配合，防止（5）接球。

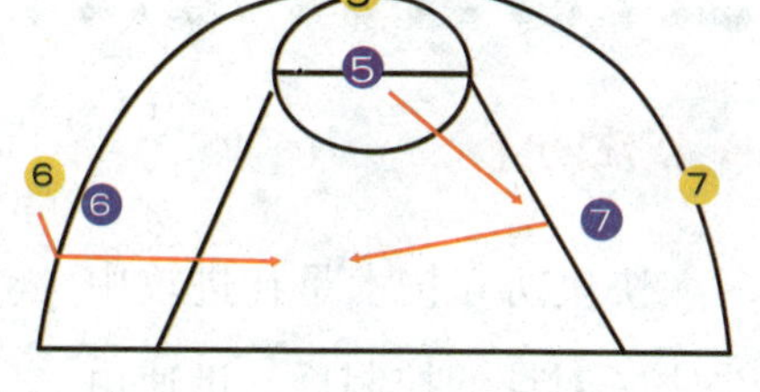

第二，如图所示，当（4）沿边线运球过中线时，（5）突然迎上去迫使其停球，并协同（4）夹击停球的（4）。

小贴士

当对方运球停止和持球队员处于各个场角时，要果断夹击，并积极挥动手臂，封阻其传球路线，不要盲目抢、打球，尽量避免不必要的犯规。

补防配合

补防配合是篮球防守基础配合之一。是指防守队员当同伴被对手突破、漏防或同伴去关门、夹击失败时，立即放弃自己的防守对手，去防守威胁最大的进攻者。漏人的防守队员则要及时换防。

如图所示，当（6）被突破后，（7）应迅速补防（6）。（5）应放弃（5），撤到篮下，防止（7）切入篮下要球、投篮。

小贴士

补防时，动作要快速、果断。其他防守队员要及时换防威胁最大的进攻者。

❖ 快攻防守

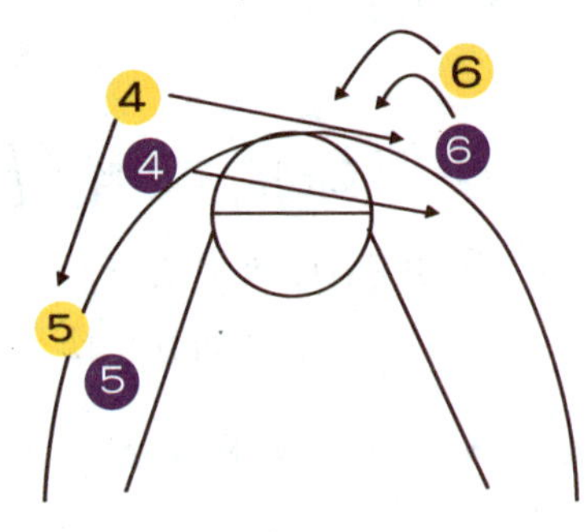

快攻防守技术是在进攻中失去了对球的控制后，迅速由进攻技术转为防守技术。尽可能不让对手在有利位置接球，或使对手勉强接球后不能流畅地衔接下一个攻击动作，干扰和破坏对手的投篮，封堵其运球、传球、突破，并积极抢、打、断球以达到重新获得控球权的目的。

快攻防守的准备条件

第一，瞬间转换时的反应、应激与到位要快。防守队员根据对方人、球区迅速调整，抢占有利位置，明确个人防守职责，加强呼应。

第二，在不同的区域根据球与篮圈的距离，对进攻者采用

封、堵、卡、夹、抢、打、断等防守技术，做到层层设防，以达到延误和破坏进攻的目的。

第三，排除不良情绪干扰，保持清晰思维，绝不胡乱下手，减少犯规和失位，不轻易被对方假动作所迷惑，要有勇敢顽强的战斗作风、坚韧不拔的毅力、永不放弃的精神，冷静合理地运用技术，在对抗中重新夺回控球权。

快攻防守技术方法

快攻防守时，位置要有明确分工，列入本队的防守战术系列中。各位置的防守队员根据球、区、篮圈和自己所处的位置进行调整、抢位。合理选用从防无球、防有球、防有球(强)侧、防无球(弱)侧的姿势与步伐，加快姿势与步伐的组合和调整。

快攻防守分为主动转守和被动防守，对技术的要求、运用也有所不同。

1. 主动转守

主动转守是指进攻投篮命中和失去控球权处在死球

状态时的转守。这时的攻守态势较为明显，攻守双方人数上对等，位置相宜，球所处的区域相对固定，转守时间较为充裕，攻转守要充分利用这些有利条件，准确地判断，迅速找人抢位，用合理的防守姿势、高效的脚步移动和利用场区边线及时展开对进攻的积极防守。

2. 被动防守

被动防守是指进攻失去控球权，球处在活球状态时的转守，转守时的条件处于被动状态，这时的攻守态势瞬时转换，攻守双方人数上可能会形成不等，位置不宜，球所处的区域不固定，转守时间为一刹那。攻转守首先要克服被动的心理因素，加快视觉信号的知觉速度，以球为主，迅速预测和判断，就近找人抢位，用合理的防守姿势、高效的脚步移动和利用场区、边线及时展开对进攻的积极防守。

❖ 人盯人防守

人盯人防守战术就是每个防守队员守住一个进攻队员，在防住自己对手的基础上相互协作的全队防守战术。其特点是防守分工明确，能有效地抑制对手的中远距离投篮。但同时对个人防守能力和体力的要求较高，内线防守相对较弱。根据防守的区域，人盯人防守可分为半场人盯人和全场人盯人防守，根据盯人的松紧程度又可分为松动人盯人和紧逼人盯人防守。

人盯人防守的前提条件

第一，防守时应以人（各自防守的对手）为主，人球兼顾，时刻注意人、球、对手、篮圈等的方位，随时调整自己的防守位置，并注意协助同伴防守，干扰和破坏自己附近的球和进攻队员。

第二，全队要有良好的配合意识，思想统一，配合默契，前后呼应，行动迅速，积极抢占有利位置，争取在气势上占据主动。

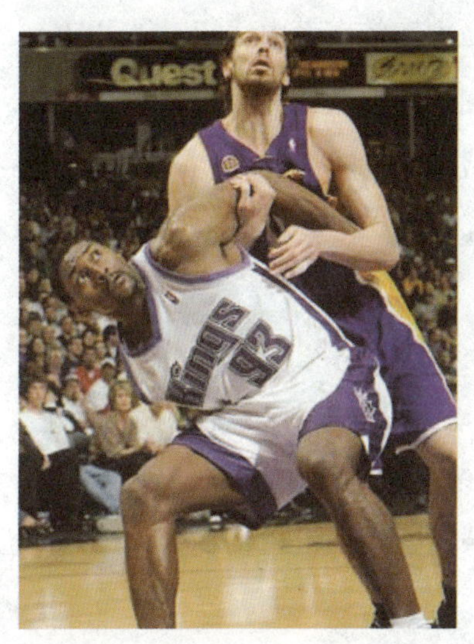

第三，防守无球队员时，以防止或减少对手接球为主，特别要防止对手在有威胁的区域内接球，人球兼顾，及时准备补防和断球。

第四，防守持球队员时，首先要防止对手的投篮和突破，干扰其传球。对手运球时，要迫使其向边、角方向移动并使其停球。对手停球后，要立即贴近进行紧逼防守，封堵传球。在整个防守有球队员的过程中，要积极利用抢、打、封、抹、盖等技术和各种假动作，破坏和夺取对方的控球权。

运用人盯人防守的情景

第一，遭遇战时作为摸底的一种战术。

第二，对手中远距离投篮命中率较高而内线相对较弱时。

第三，本方个人防守能力强、体力较好时。

第四，对方不适应或作为战术变化时。

小贴士

在个人防守的基础上，注意全队的协作，及时补防和轮转。严密防守各自对手的同时，要明确全队的防守重点，并有所侧重。尽量减少个人的犯规次数，注意保存体力。

常用的半场人盯人防守的方法

为了对付人盯人防守而产生的单打战术，适用于球队中有一名攻击力超强、能够在一对一的单打中轻易突破对手的超级明星球员。当球队进攻的时候，剩余的四名球员全部移动到半场的弱侧，而让那名明星球员一人持球位于强侧，把整个四分之一的场地都空出来，让这名超强队员进行单打。就人盯人防守来说，只要防守队员能够有足够的协防补位意识，再加上和队友充分交流沟通，在场上做到配合默契，成功地防守个人单打并不是一件困难的事情。

1. 紧逼防守、向外挤压

个人单打战术的基本进攻方式是这样的，如图组织后卫（4）带球来到前场，这时除了要接球的队员外其他三名队员分别在半场一侧的底角三分线外，禁区高位和禁区低位落位，而那名攻击手则在另一侧的45度角低位背身要位。

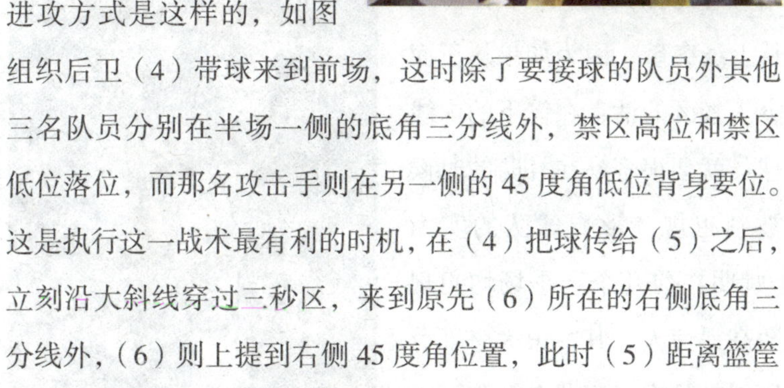

这是执行这一战术最有利的时机，在（4）把球传给（5）之后，立刻沿大斜线穿过三秒区，来到原先（6）所在的右侧底角三分线外，（6）则上提到右侧45度角位置，此时（5）距离篮筐不过两三米，可以轻易在对手补防者赶来之前完成单打。所以对于单打战术的防守，首先要做的就是压迫，防守（5）的队

员要位的时候，绕前或侧前干扰对手接球，让对手在三秒区的附近舒服地接到球，通过身体的接触，给他强大的压力，迫使其不得不远离球篮，来到三分线外接球，这样，进攻时离篮筐有了一定的距离，就方便防守方的队友在他突破的时候及时上前协防，在把他逼出三分线之后，防守第一步就完成。

2. 协防

如果对手的超强球员是得分后卫或者小前锋的话，那他在三分线外接到球之后，还是会利用自己的突破来实施单打进攻。这个时候，需要篮下的防守球员及时做好补位协防。

如图，当（5）开始突破的时候，（4）、（5）首先就要堵住上线的位置，不让（5）从上线突破，因为如果从正面突入禁区的话，在篮下的内线球员就会很容易在补防的时候被判犯规，影响球队的实力（姚明在前几个赛季场均犯规数高得惊人，其中很大一部分原因都是为了帮队友补防而吃了亏）。

而只要让（5）沿底线突破，（5）再在身边紧紧地跟着他，那么，内线的队友（8）就有充足的时间在（5）突到禁区边上时上前协防，这时，由于身处底线，活动空间相对有限，在两个人的包夹下，持球队员很难再做出动作过人摆脱，很可能造成进攻的失误。

在防守（5）突破时，每一个防守球员都应该积极投入到防守中来，例如，中路的（4）要适当地向强侧移动，以便能够随时接应队友，帮助他们一起限制（5）的突破；高位的（6）则要向篮下收缩，在（6）上前协防之后，（7）就要及时来到篮下，弥补内线的空虚；低位的（6）在与队友呼应的同时，也要努力看住弱侧球员，不让他们往内线空切，以免增加内线防守的压力，可以说，只有团队协作，才能成功地防住单打战术。

小贴士

破解人盯人防守的方法：

由于人盯人防守是篮球比赛中运用最普遍的防守战术，所以每一个篮球队都必须掌握破解人盯人防守的战术。

第一，思想上要有所准备，沉着冷静。

第二，队员在场上要保持一定距离或分散队形，拉大防区以便于各个击破。

第三，根据双方情况，扬长避短，发挥自己的优势，有所侧重地组织进攻。

第四，控球队员不要急于处理球，特别应注意不要在边、角处停球，应积极组织队友运用传切、突分、掩护和策应等配合，

争取局部突破，打乱其防守阵型，寻找战机。

❖ 区域联防

区域联防是在一个区域中进行防守，同队队员之间相互协同将对方队员夹击在一个区域当中，防守强度加大，逼迫对方

失误。区域联防是现代篮球战术防守系统中的重要组成部分。由进攻转入防守时，队员退回后场，按分工各自负责一定的区域，以协同防守的方式，防守进入该区域的球和队员，并把每个防守区域有机地联系起来的一种全队防守战术。

区域联防战术最突出的特点是守区、防球和保篮。在攻守转化时，防守队迅速退回后场，用一定的专门队形和配合，把五名队员的防守职责和五个防区有机地联系起来。防守中，根据球的位置转移变化和进攻队员的穿插移动，使防守队员不断地调整，加强对有球区域和篮下的防守，严密封锁球入内线，强守篮下，防止持球队员投篮。

由于这种全队防守战术，五名队员所处的位置较固定，分工明确，防守力量集中，便于保护球篮和篮下一带区域，有利于组织拼抢篮板球和在防守反击时发动快攻战术。

依据防守队员的站位形式，常把区域联防分为“2—1—2”联防、“2—3”联防、“3—2”联防、“1—3—1”联防及对位联防等几种。其中“2—1—2”联防是最基本的区域联防。

区域联防的基本方法

第一，根据区域联防的形式和队员、对手的特点等合理分配防守区域，最大限度地发挥队员在各自防区的作用。

第二，由攻转守时，除积极阻止对方的攻势外，应有组织地快速退守和及早落好防守位置。

第三，每个队员必须认真负责各自的防守区域，积极阻挠进入该防区的进攻队员的行动，并根据球的方位调整队形进行联合防守。

第四，对有球队员应按盯人方法紧逼防守，其余防守队员应积极移动，调整队形进行协防或补防，做到人球兼顾。

第五，对无球队员的穿插移动，要根据其离球的远近和队友的位置积极抢位、堵截和护送，并及时与队友呼应联系，不让对手向有威胁的区域移动或接球。远离球的防守队员应起指挥作用。

第六，进攻队员投篮后，每个防守队员都应该积极堵位和抢位，有组织地争抢篮板球，并及时发动快攻。

区域联防的运用时机

第一，对方中远距离投篮不准而内线威胁较大时。

第二，对方个人突破能力强而本队个人防守能力不足时。

第三，本队犯规较多而为保存实力时。

第四，对方不适应或有策略地改变防守战术时。

第五，对方比分落后而急于求成时。

第六，为了有组织地争抢篮板球和发动快攻时。

区域联防的优缺点

相对于人盯人防守来讲，区域联防独特的优势表现如下：

第一，并非所有球队都拥有优秀而灵活的人盯人防守队员。此外，进攻方的一些球星级人物完全可以凭借其速度和优秀的支配球能力无视人盯人防守，区域联防有助于避免上述情况下的错位防守态势，也许防守方球员们高大、强壮，但速度缓慢，而当采用区域防守时，这些高大球员高举双手的收缩式防守会产生良好的效果。

第二，区域联防有助于保护禁区，迫使攻方球员在外围出手。例如，在采用 2—1—2 联防或 2—3 联防时，禁区防守封

锁严密，对防守产生巨大压力，迫使对方在外围寻求进攻机会，这将考验一个球队外围投射能力。绝非所有的球队都具有稳定的外围投篮能力，而且，即使是一支擅长外围投篮的球队，也会有状态低迷的时候，尤其是在系列赛的淘汰压力下更容易发挥失常。

第三，当主力队员尤其是大个子队员遭受犯规麻烦的时候，区域防守有助于保护内线球员。

第四，区域联防有助于放慢比赛速度，控制比赛节奏。

总体来说，不论采用哪种防守方式，防守球员都必须付出十分精力，但当球队体力耗尽的时候，区域防守能给球队几分钟喘息的机会：在盯人防守和各种区域联防之间变换，能打乱进攻方的节奏，迷惑对手；当采用全场紧逼或半场紧逼被破解后，可以很自然地切换回区域防守。

任何一种防守形式都不可避免地存在着不足，区域防守同样如此，其缺点如下：

第一，如果球队正在追分，采用区域防守不能对持球队员施加足够的压力，此时进攻方将持球寻找机会，以消耗时间，在这类情况下必须采用盯人防守。

第二，如果碰巧对手手感奇佳，区域联防将不攻自破，必须考虑换回盯人防守，在三分线外给对方施加压力。

第三，并非在所有情况下都能轻易获得后场篮板或盖帽的机会，一些情况下，进攻方球员能突入禁区抢下前场篮板后直接上篮。

第四，如果一直采用区域联防而很少采用盯人防守，球员会自满于防守能力，他们的盯人技巧会退化，在训练中应当用 80% ～ 90% 的时间练习盯人防守，留出 10% ～ 20% 的时间给联防。

小贴士

破解区域联防的方法：

多组织快攻；根据区域联防的队形，有针对性地落位，重点攻击薄弱地区；通过多传球、快传球、突破分球等打乱防守队形，寻找战机；多运用中远距离的投篮逼其扩大防守范围，争取篮下空间；积极组织前场篮板球争取二次进攻机会，并注意保持攻守平衡，及时退守。

❖ 防守语言和防守假动作

防守语言

防守语言是与肢体语言配套的技术练习，要求在防守中随时随地主动运用，使用时的语气要加重，语速要短促，语言要简练，对同伴带有指令性，对对手带有诱骗性、激将性，对裁判带有礼节性等。

防守假动作

美国著名教练帕齐尼尔曾经指出：假动作在篮球发展中是最难于掌握的技术之一，因为假动作的水平既取决于智慧又取决于技术动作。在激烈对抗的篮球运动中，假动作是篮球运动夺取胜利不可缺少的方法手段，也是个人战术的重要组成部分。

假动作是迷惑对方、隐蔽自己的真实意图、使对手产生错觉而导致错误行动的一切诱惑性动作，真实性、隐蔽性、突然性和连续性是假动作的四个基本特征，艺术性则是假动作的最高境界。假动作并不局限于进攻时使用，若想防守掌握主动，调动和驾驭对手，假动作技术也是压迫性、攻击性防守技术训练中不可缺少的部分。防守队员利用假动作做掩护，造成时间差和位置差，使对手判断失误，动作犹豫不决，重心不稳，进攻成功率下降，士气受到打击，从而达到控制对手目的。

假动作技术的运用是心理和智慧的较量，防守中应调动全身所有的部位来伪装、迷惑对方，声东击西地展开对进攻队员的攻击，使假动作技术的运用达到一种艺术境界。

防守队员运用假动作的目的有这么几种：（1）断球；（2）削弱或消除对方的投篮威胁；（3）防对手的突破；（4）减少对手传球的威胁性；（5）诱使进攻方进入防守方设置好的陷阱。

1. 防守处于强侧的前锋队员

防守的主要任务是不让或少让其接球。这时防守队员可采取面向对手侧向球的斜前站立姿势，近球侧的脚在前，同侧手臂前伸，封锁对方传接球的路线，两眼平视，做到人球兼顾，同时，后脚不动，前脚不断地做前跨、缩回如击剑步法，重心仍控制在两脚之间，随时保持身体平衡，并把注意力放在对方的反跑上。

2. 防投篮时的假动作

投篮队员利用时间差、空间差进行投篮，因此防投篮时也要针对进攻的特点进行防守。

投篮时，一般投篮队员都会先做一个投篮的假动作，待防守队员上当而跳起封盖并下落时，再从容投篮，这是利用时间差进行投篮。

因此防投篮时可抓住这一规律运用假动作进行防守，即当投篮者做投篮假动作时，防守者相应地做挺起上体、两臂上摆，面部、头做相应的起跳表情，同时，防守者两膝弯曲，重心保持在两腿之间，随时准备移动。

一旦投篮者跳起投篮时，防守者便可从容地起跳封盖，若是投篮者不投篮而改为其他动作，防守者同样能凭着良好的防守位置而进行防守，进攻者并没有达到做假动作的目的，却为防守者所制约，因而有利于防守者进行防守。

3. 防突破时的假动作

突破分运球突破与持球突破两种，防持球突破时，进攻队员的动作一般是左晃右突，右晃左突，左晃右晃左突，瞄篮变突破等。

因此防守队员运用假动作时要根据防守原则，占据合理的防守位置，了解对方的习惯动作，准确判断进攻者的假动作与真动作，从而采取相应的防守假动作。

如当进攻队员做瞄篮假动作而实际上准备突破时，防守队员除了根据防守原则，堵中放边、防底线等外，相应地做跳起封盖的假动作，即上体、头向上虚晃，同时两臂屈肘上摆做起跳的假动作。

而实际上两腿弯曲，重心保持在两腿之间，注意力集中在对方突破的路线上。这样一旦对手持球突破，防守队员便可轻而易举地一步堵住其突破路线，使持球突破者的进攻威胁减少到最低程度。

4. 防传球时的假动作

防传球时有两种情况，一是持球者未运球前，二是运球停止后。

若是持球者不能运球了，则防守者可上去紧逼持球者，迫使其背向进攻方向，并挥舞双臂干扰其传球，减少传球的威胁性，或是保护邻近队员如中锋，或是离其不远不近，准备断球。

比赛中常可看到这样的场面：运球队员运球过程中传球时，或是外线队员向内线传球时，球被防守者断走，这主要是防守者利用传球者麻痹大意，只顾同伴不管防守人。在防投、防突的基础上，集中注意力观察持球者的面部表情、手臂动作，把自己抢断球的欲望隐藏到防守中去，一旦对手传球，防守者便在判断准确的基础上把球断走。

小贴士

判断准确，及时出击；提高解读比赛的能力；假动作要逼真；

要及时观察判断对手何时受到假动作的引诱而产生相应的动作，并做出自己的判断与决策。

❖ 盖帽技术

盖帽是指打掉投篮队员出手后但未下落的球，盖帽分原地和行进间两种技术。

第一，封盖时，要根据自身运动素质和与投篮队员之间的距离，选择合理位置，并看投篮队员面向篮圈的方向（有正、侧、背三向）和离篮圈的远近，做迅速短促的调整，两眼注视对手和球。

第二，根据对手特点，掌握好起跳时间和封盖的角度，跳起时，控制好身体重心，尽量避免身体接触，以免犯规。

第三，学会利用队友和假动作来达到盖帽目的。

第四，在封盖后，还要能够保持迅速连接下一个技术动作，在封盖面向篮圈投手时，从投手的有球侧飞出封盖，若未成功，落地之后，立即转身，换手再向回封盖一下，并迅速调整防守位置。

第五，做封盖动作时还要控制好防守情绪，不要赌气，不要被对手的假动作所欺骗，跳起封

盖打球时，可用单脚或上垫步双脚起跳，身体充分伸展，手臂高举，用手腕动作将球打掉。

盖帽分为两种形式，一是横空出世的狠打，一掌将球打出，体现了霸气；另一种是蜻蜓点水的巧打，打完之后自己或同伴还能抢到球，特别是那种将球定在篮板上接着再抢下，更能体现这种巧，体现了灵气。

小贴士

盖帽不一定能够打到球，影响和干扰投球也是盖帽技术的应用，破坏了投手的投篮节奏或改变了出手角度。

无论是哪种打，都会使对手命中率下降，给对手下次投篮埋下心理阴影，同时还能提高防守士气，调动观众情绪，甚至还会在比分落后的情况下，起到转折作用。

封盖是防守的最后一道防线，要尽量做到有投必封。

第五章

你是一名篮球达人吗

要想成为一名篮球达人，只懂得一些篮球理论和概念是远远不够的，最重要的是要有一颗热爱篮球的心，把篮球当作自己的朋友，在学习和工作之余，经常参加篮球运动。

其实，并不是拥有华丽的篮球技术才能称得上篮球达人，只要你热爱篮球、享受篮球就能成为篮球达人部落的一员。

保持打篮球的计划

如果条件允许，要保持着每天打篮球的习惯，要在你的日常工作生活的计划中，包括篮球运动这一项。虽然社会工作的

压力越来越大，不能够保证每天打篮球，但每到周末与朋友相聚球场，享受篮球带来的乐趣，不仅能够交流感情，而且能够锻炼身体，减轻工作的压力。在篮球场上，只有篮球，没有任何的烦恼，把一切琐事忘记得一干二净。

如果好长时间你没有打过篮球，就会产生一种生活好似缺少什么东西的感觉，那么就证明你已经爱上篮球，把篮球当成生活中的一部分，甚至是你最好的朋友。这个时候，索性放下你手里的工作，换上装备，拿起篮球，相约球友，释放激情，感受篮球的魅力。

那些年一路追寻的篮球

年少轻狂，追寻梦想，向往自由，无拘无束，这些构成了那些年美好的回忆。上学期间，尤其是在高中阶段，你是不是

也有逃课打球的经历，一天的学习，感觉透不过气来，坚持到下午就再也坚持不住，于是冒着被通报批评的危险，拿起篮球，冲上操场，用篮球的乐趣弥补学习时的无趣。你是不是也有过周末没有课的时候，在球场上一打就是一下午的经历，甚至到晚上依旧不舍离开，累得站不起来，随地一躺，尤其是在夏天，不管再热的天，依旧傻乎乎地暴晒在太阳底下，享受篮球，满身大汗，却又高兴之至。每一个热爱篮球的人一般都会经历过以上的事件，回眸想起，能够让我们想起青春时期的自己，能够回忆起有梦的自己，能够感受到篮球带给我们的激情。

篮球达人不一定有较高的篮球技术

有人说要想成为一名真正的篮球达人，必须有一身技艺高超的篮球技术，运球熟练，投篮精准。其实，只要你有一

颗热爱篮球的心，你就是一名篮球达人。不会打篮球，我们可以练习篮球技术，凡是技术较高的球迷必然是从喜欢篮球开始，也就是说，要想有一身高超技术的前提就是有一颗爱篮球的心。喜欢上篮球，可能是一个球星的影响，可能是一场比赛的牵引，也有可能是身边朋友的感染，有很多原因是你喜欢篮球的理由，但是，只有一条不需要理由，就是那你自身的性格。性格与爱上篮球有很大的关系，篮球运动诠释了什么是坚持，什么是不弃，什么是奇迹。只要比赛的红灯没有亮起，一切都还没结束，希望不会破灭，只有拼到最后的 0.1 秒，才是我们的人生之道。

篮球不只是一项运动，在篮球的世界里，没有种族、性别、皮肤的差异，只有五个人的团结、永不放弃的精神和对篮球运动的爱。

其实，在打篮球的时候，把篮球当作自己的老师或者好朋友，你一定会在它的身上学到很多的知识，并且它会带给你一些人生的经验之谈，使你终身受益。